노오력하지 않아도
잘되는 사람에게는
작은 습관이 있다

옮긴이 **이은미**

경성대학교 일어일문학과를 졸업하고 일본 문부성 장학생으로 교토대학교에서 연수 과정을 수료했다. 현재 바른번역 소속 번역가로 활동 중이며 옮긴 책으로는《아이의 뇌에 상처 입히는 부모들》《나의 향을 담은 왁스 태블릿》《엄마의 말센스》등이 있다.

ZANNEN NA DORYOKU

ⓒ KAZUHIKO KAWASHITA / YOKO TAMURA 2018

Originally published in Japan in 2018 by Ascom Inc., TOKYO,
Korean translation rights arranged with Ascom Inc., TOKYO,
through TOHAN CORPORATION, TOKYO, and BC AGENCY, SEOUL.

노오력하지 않아도 잘되는 사람에게는 작은 습관이 있다

가와시타 가즈히코, 다무라 요코 지음

이은미 옮김

글담출판

어렸을 때부터 저는 노력하는 만큼 성과를 내지 못했습니다. 공부든 일이든 운동이든 못 하는 편은 아닌데 그렇다고 잘하는 편도 아니었지요. 의욕만큼은 남들보다 차고 넘쳐서 뭐든 평균 이상으로 열심히 노력했지만, 번번이 고배를 마셨고 그때마다 좌절했습니다.

그러다 보니 왕성한 의욕과는 반대로 현실은 엉망이었습니다. 분위기에 휩쓸려 술자리를 자주 갖다 보니 주머니 사정은 가벼워지고 폭음과 폭식으로 살이 찌기 시작했습니다. 비대해진 몸을 조금이라도 감추기 위해 옷은 펑퍼짐한 것만 입었습니다.

타고난 의욕을 동력 삼아 '이번에는 반드시!' 하는 마음으로 열심히 노력했지만, 결과는 언제나 실망만 안겨주었습니다. 그런 날들이 반복되자 난 아무리 노력해도 안 되는 사람이라는 생각이 자리 잡았습니다.

그러던 어느 날 작은 결심을 계기로 제 인생은 180도 바뀌기 시작했습니다. 우연히 시도해본 작은 습관이 성취감을 가져다주었고, 그것을 반복하는 동안 변해가는 제 자신을 깨달았습니다. 여태까지와는 달리 이렇다 할 노력도 하지 않았는데 말이지요.

　처음에는 돈을 절약해보자는 생각에서 출발했습니다. 적자 상태에서 시작해 매달 10만 원 이상 저축하는 데 성공했습니다. 그 여세를 몰아 도전한 다이어트에서는 무려 20킬로그램이나 감량했습니다. 3년이 지난 지금도 체중을 유지하고 있지요. 몸이 가벼워지고 실루엣이 살아나자 이번에는 옷맵시에 신경 쓰고 외모를 가꾸기 시작했습니다.

　같은 방법을 일에도 적용한 뒤부터는 선보이는 프레젠테이션마다 호평을 받았습니다. 중요한 프로젝트에서도 좋은 성과를 낼 수 있게 되면서 사업은 승승장구했고 지금도 성장을 거듭하고 있습니다.

　그러나 이런 제 경험을 나누고 싶어서 사람들에게 이야기하면 "그만큼 노력했으니까 그런 결과를 얻는 거지" "그건 너니까 가능했던 거야" 하면서 좀처럼 믿어주지 않았습니다.

　하기야 그런 반응을 이해 못 하는 것은 아닙니다. 우리는 어려서부터 부모님, 선생님, 직장 상사에 이르기까지 사방에서 열심히 노력하라는 말을 수천 번, 수만 번도 더 들어왔으니까요.

　노력하지 않아도 성과를 낼 수 있는 효과적인 방법이 있다는 사실을 받아들이기가 쉽지 않을거라 생각합니다.

그래서 한 사람이라도 더 잘못된 믿음에서 벗어나 노력하지 않고도 좋은 결과를 낼 수 있는 기쁨을 알게 하기 위해서는 어떻게 하면 좋을까 고민에 고민을 거듭했습니다. 하지만 세뇌당하다시피 한 '노력하면 된다!'라는 상식을 바꾸기란 쉬운 일이 아닙니다.

그래서 전 사람들을 잠시나마 현실과 동떨어진 곳으로 데려가 우리가 평상시 접하는 것과는 다른 풍경을 보여주어야겠다고 생각했습니다.

현실과는 다른 세계로 위화감 없이 스며드는 데는 이야기만큼 적절한 것이 없지요. 그래서 활발하게 활동 중인 방송작가 다무라 요코 씨에게 도움을 청했습니다. 열심히 노력해도 생각만큼 성과가 안 나오는 사람들에게 누구나 쉽게 실천할 수 있는 작은 습관을 열 가지로 요약해 알려준다면, 세상이 지금보다 더 행복해지지 않겠느냐고 말이지요.

그런 믿음으로 다무라 요코 씨와 함께 책을 쓰기 시작했습니다. 그렇게 2년 동안 저와 다무라 요코 씨 두 사람 다 만족할 때까지 몇 번이고 논의를 거쳐 고치고 다시 쓰기를 거듭한 끝에 드디어 이 책을 완성했습니다.

이 책에 나오는 이야기들에서 얻은 교훈을 삶에 적용한다면 반드시 원하는 결과를 얻을 수 있습니다. 혹시 마음먹은 대로 일이 풀리지 않을 때는 책을 다시 읽으며 방법을 조금씩 수정해보시기 바랍니다. 그렇게 하면 일은 물론이고 다이어트, 집안일, 공부, 그리고 연애까지도 순조롭게 풀릴 것입니다.

이 책을 선택하신 여러분 모두 힘들이지 않고 즐기면서 좋은 결과를 낼 수 있기를 간절히 바랍니다.

가와시타 가즈히코

차례

변화된 삶의 시작을 기대하며
이야기 속으로

어느 화창한 일요일 오후, 하라주쿠 메이지진구의 숲속 한적한 레스토랑에서 젊은 남녀의 웃음소리가 흘러나왔다.

한 달 전, 아리사가 SNS를 통해 대학 때 친하게 지내던 친구 히카루와 마사토의 소식을 우연히 접하면서 은사를 모시고 오랜만에 만남을 갖기로 한 것이다.

맛있는 음식을 먹으며 이야기꽃을 피우던 친구들은 이내 각자의 근황을 털어놓았다. 맨 처음 입을 연 사람은 건장한 체격에서 뿜어져 나오는 마초적인 매력으로 인기를 한 몸에 받았던 미식축구 동아리 출신의 마사토였다.

"다들 하나도 안 변했네. 난 취직하고 나서 살이 20킬로그램이나 쪘는데. 허구한 날 거래처 접대하느라 마시는 술도 술이지만, 라면으로 해장하는 게 버릇이 되다 보니 어느새 이렇게 됐지 뭐야."

의자에 기대고 있던 몸을 앞으로 숙인 마사토는 반동으로 비어져 나오는 뱃살을 양손으로 잡아 보이며 한탄했다.

"아, 왕년엔 초콜릿 복근도 있고 몸짱 소리 제법 들었는데 말이야. 아무 티셔츠나 주워 입어도 모델 같았던 그 시절로 다시 돌아가고 싶어."

대학 때는 하루도 안 거르고 동아리에 나가 연습을 하고 파김치가 된 상태에서도 또 피트니스 클럽에 들러 체력 단련을 했던 마사토였기에 다들 놀란 표정을 숨기지 못했다.

"이제 와 생각해보면 감독님이 너무 무서워서 열심히 했던 거 같아. 게다가 공부는 거들떠도 안 보고 동아리 활동에만 전념해도 부모님이 아무 말 안 하셨거든. 지금은 운동과는 멀어져도 너무 멀어졌지. 회사에 들어오니 누가 한잔하자고 하면 거절하기가 힘들더라고. 원래 술을 좋아하기도 하고 말이야. 하아, 난 정말 의지가 약한 놈인가 봐."

이번에는 히카루가 입을 열었다.

"너만 그런 줄 아니? 아휴, 나도 장난 아냐. 우리 회사는 외국계라서 올해는 꼭 해외 근무 지원하려고 다시 영어 공부를 시작했거든. 근데 퇴근하자마자 어린이집에 애 데리러 가야지, 애 데려와 저녁밥 해서 먹여놓으면 놀아줘야지, 애니까 또 재워줘야 하잖아. 결국 공부는 애를 재우고 난 다음에 할 수밖에 없는데 문제는 옆에 누워서 자장자장, 하다 보면 어느새 아침인 거야. 정말이지 체력이 남아나질 않아."

아리사도 질세라 이야기를 시작했다.

"히카루는 워킹맘이니 그럴 수 있어. 근데 난 진짜 올해는 월급을 다 쓰지 말고 꼭 저축하기로 했거든. 그래서 가계부도 쓰기 시작했는데 일주일도 못 간 거 있지?"

다들 자신의 허물을 숨기기보다는 솔직하게 털어놓았다.

묵묵히 듣고 있던 미쓰루 교수가 입을 열었다.

"모두 나름대로 열심히 노력하지만 잘 안 돼서 고민인 것 같구나. 그러고 보니 내가 지금껏 가르친 학생 중에서 성공한 인생을 사는 아이들한테는 공통점이 있었어. 그들은 하나같이 어떤 이야기를 듣고 깨달음을 얻었는데 그때부터 하는 일마다 잘 풀리기 시작했지. 그 이야기를 자네들에게도 들려줄까 하는데, 한번 들어보겠나?"

"네, 교수님, 이야기해주세요. 꼭 듣고 싶어요!"

아리사가 말했다.

"그들은 이야기 덕분에 노력에 대한 관점을 바꿀 수 있었어. 노력하면 언젠가는 꼭 보상을 받을 수 있다고 생각하지만 실은 아니었구나 하고 말이야.

무조건 노력만 하는 게 능사가 아니라 굳이 노력하지 않아도 성과를 낼 수 있다는 사실을 배웠지. 그 후부터는 연이어 목표를 달성했어. 일뿐만 아니라 연애까지도.

처음에는 다들 어릴 때 읽었던 옛날이야기 같은 거라고 대수롭지 않게 생각했지. 근데 이야기를 듣는 동안 노력해도 성과를 못 내는 이야기 속 주인공처럼 자신 역시 잘못된 믿음 때문에 목표 달성과는 멀어지고 있다는 사실을 깨닫게 된 거야.

주인공이 만난 열 명의 개성적인 캐릭터는 저마다 노력하지 않아도 목표를 이루는 작은 습관에 대해 가르쳐주는데, 내 제자들은 속는 셈 치고 그 방법들을 하나씩 자신의 일상에 적용하기 시작했어.

그랬더니 변화가 일어났지. 저축, 다이어트, 운동, 일 등등 지금껏 실패하기만 했던 일들이 하나둘 성공하기 시작한 거야.

처음에는 모두 믿을 수 없어 했어. 그러다가 주위를 돌아보니 성공한 사람들은 모두 이 이야기가 가르쳐주는 메시지를 실천하고 있다는 사실을 깨달은 거야.

주위에 이 이야기를 해주면 처음에는 반신반의하지만 일단 실천하기 시작하면 목표를 달성하게 되었다고 해. 잘못된 믿음에서 벗어날 수 있었던 덕분에 말이지.

물론 끝까지 믿지 못하는 사람들도 있었어. 노력하지 않고는 성공할 수 없다는 생각을 떨쳐내지 못한 거지. 그런 사람들은 지금도 자신의 의지만 믿고 새로운 일에 도전하지만 그럴 때마다 계속 좌절을 반복하고 있겠지."

"교수님, 잠깐만요! 그 이야기라는 게 대체 뭐예요?"

히카루가 테이블 위로 상체를 내밀고 물었다.

"안타까운 노력을 멈출 수 있도록 도울 열 가지 행동습관에 관한 이야기란다."

안타까운 노력이라……. 지금껏 우리가 해왔던 일들이 어쩌면 다 안타까운 노력은 아니었을까. 다들 불안과 기대가 섞인 얼굴이었다.

"재미있을 것 같아!"

아리사가 눈을 빛내며 말했다.

"교수님, 어서 얘기해주세요. 궁금해요!"

잠시도 기다릴 수 없다는 듯 마사토와 히카루도 입을 모았다.

"그래, 그래. 알았어."

미쓰루 교수는 고개를 끄덕였다.

"그나저나 이야기가 좀 길어질 것 같은데…… 다들 시간은 괜찮겠나?"

미쓰루 교수는 제자들을 둘러보며 이견은 없는지 확인한 후 이야기의 서문을 열었다.

왜 노오력하는 나라 사람들은 열심히 하는데도 딱하다 싶을 만큼 일이 안 풀리는 걸까?

어느 곳에 노오력하는 나라가 있었습니다. 이름에서 알 수 있듯이 이곳은 노력하는 사람들이 사는 나라입니다.

아침 6시. 집집마다 새들이 지저귀는 소리가 들려오네요.

정각이 되자마자 새들이 일제히 울기 시작하다니!

처음 이 나라를 방문하는 사람이라면 누구나 깜짝 놀랄 겁니다.

그대로 잠시만 더 귀를 기울여보세요.

신기하게도 약속이나 한 듯 새들의 울음소리가 뚝 그칩니다. 대체 어떻게 된 일일까요?

그건 말이지요. 사실 이 새들은 살아있는 새가 아니라 노오력하는 나라 사람들의 휴대전화 알람 소리랍니다.

진짜 새들은 벌써 한참 전에 한 마리도 남김없이 이 나라를 떠나고 말았어요.

왜냐하면 아무리 목청을 가다듬고 아름답게 노래해도 이 나라 사람들은 바빠서 아무도 귀를 기울여주지 않으니까요.

어른뿐 아니라 아이들도 마찬가지입니다.

게다가 뭐라고 잘 설명할 수는 없지만 새들에게 이 나라는 왠지 모르게 살기 힘든 곳이었습니다.

"미사키, 6시야. 이제 일어나려고 노력해보렴."

마침 어느 집에서 이런 소리가 들려옵니다. 한번 들여다볼까요?

엄마로 보이는 사람이 한창 꿈나라에 가 있는 자녀의 이불을 걷어내며 일어나라고 재촉합니다.

"하암…… 싫어…… 더 잘래……."

엄마가 걷어낸 이불을 도로 끌어당기며 달콤한 꿈나라로 돌아가려고 하는 사람은 미사키.

기억해주세요. 바로 이 이야기의 주인공입니다.

"아빠도 어제 술 마시고 늦게 들어왔지만 열심히 노력해서 일어났잖아."

붉게 충혈된 눈으로 미사키를 노려보고 있는 사람은 미사키

노오력하는 나라

의 아빠입니다. 누운 채 아빠가 하는 말을 듣고 있던 미사키는
생각했습니다.

'그렇게 노력해서 얻은 게 대체 뭐야? 반년 내내 쉬지도 못
하고 가족여행도 반납해가며 열심히 프로젝트에 올인했는데,
결국 '인사이동'에 죽 쒀서 개 준 꼴이 됐잖아. 아빠가 그 프로
젝트에 성공하길 내가 얼마나 기도했는데.'

미사키는 이불을 뒤집어쓴 채 생각을 이어나갔습니다.

'엄마도 그래. 열심히 다이어트한답시고 밥은 안 먹고 반찬
만 먹는가 싶더니 결국 다시 고봉밥으로 돌아왔잖아.'

밥이 수북하게 담긴 공기 위로 김이 모락모락 나는 식탁이
미사키의 눈에 들어옵니다.

열심히 노력해도 실패하는 것은 비단 미사키의 부모님뿐만
이 아닙니다. 다음의 경우도 마찬가지이지요.

☑ 술자리도 마다하고 여행도 참아가며 돈을 아껴 썼지만
    통장 잔고는 언제나 바닥을 면치 못 하는 사람
☑ 최선을 다해 자료를 만들었지만 방향성이 전혀 다르다
    며 상사에게 깨지는 사람

☑ 열심히 아르바이트를 해서 좋아하는 사람에게 줄 선물을 준비했지만 고백하기도 전에 차이는 사람

☑ 관계 개선을 위해 대화도 시도하고 노력했지만 배우자의 마음이 더 멀어지는 것 같아 고민인 사람

☑ 열심히 일자리를 찾아봤지만 하고자 하는 일과는 인연이 닿지 않는 사람

☑ 매일 신경 써서 청소하고 정리하는데도 늘 집이 지저분하게 어질러져 있는 사람

☑ 열심히 노력해서 일을 마무리하면 할수록 일이 더 늘어나기만 하는 사람

그런 생각을 하고 있는데 마침 노오력고등학교 육상부가 노래를 부르며 창밖을 지나갑니다.

♪노오력하자, 달리자, 연습하자. 노력은 거짓말을 하지 않는다. 노오력해라, 달려라, 연습해라. 노력하면 할수록, 빨리 달릴 수 있다. 노력하면 할수록 시간이 단축된다! 파이팅!♪

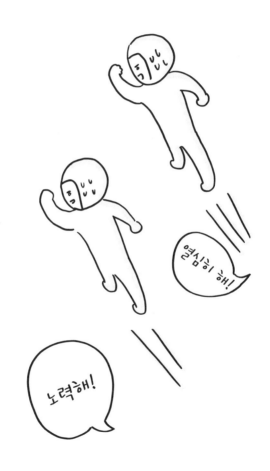

"으으, 시끄러워."

미사키는 귀를 틀어막았습니다.

'노력하면 할수록 빨리 달릴 수 있다면 노오력하는 나라는 올림픽에서 매년 우승해야 하는 거 아니야? 근데 현실은 정반 대잖아. 해마다 예선 탈락은 기본이잖아. 거기에 비하면 노력하지 않는 왕국 좀 보라고. 매년 금메달을 쓸어가잖아. '노력하지 않는다'가 그 나라 사람들의 가치관인데 무슨 경기만 나갔다 하면 메달을 싹쓸이해, 돈도 많아, 게다가 국민 행복지수까지 세계 1위야.'

그때 엄마가 아예 이불을 치워버리며 말했습니다.

"미사키! 일어나란 말 안 들리니? 난 널 이렇게 노력하지 않는 애로 키운 적 없다!"

♪노력해, 노력하자, 노력하는 거야, 노력해야지, 노력하라고, 노력하라니까, 노력 안 하고 뭐 해……. ♪

미사키의 머릿속에 노력송이 울려 퍼집니다.

하지만 집에서, 학교에서, 친구들 사이에서 그렇게 열심히 노력한 끝에 남는 건 대체 뭘까요.

누가 어떤 결과를 얻었다는 걸까요.

"이젠 정말 지긋지긋해!"

미사키는 벌떡 일어나 집을 뛰쳐나갔습니다.

열심히 생각하고 노력한 끝에.

간단한 규칙을
만들어 반복하라

: 매일 같은 옷만 입는 남자

미사키는 흔들리는 기차에 몸을 맡겼습니다.

전설의 록 그룹 더 블루 하츠의 노래●처럼 맨발로 기차에 오른 것입니다. 물론 맨발이란 것은 말이 그렇다는 거고 당연히 신발은 신고 나왔지요.

하지만 주머니에 지갑만 넣어왔을 뿐 제대로 된 짐은 챙기지 못했습니다. 비어 있는 양손이 홀가분하면서 한편으로는 불안합니다.

차창으로 쏟아져 들어오는 햇살은 마음을 포근하게 어루만져 주었지만, 사실 눈이 부셔서 계속 바라보고 있기는 힘들었습니다.

무턱대고 집을 나온 미사키를 응원하는 것 같기도 하고 또 책망하는 것 같기도 한 시간 속에서 선로 위를 달리기를 한참, 드디어 안내방송이 흘러나왔습니다.

● 1988년 발표곡 〈Train Train〉에는 맨발로 뛰쳐나와 기차를 타고 가겠다는 가사가 나온다.

"이번 역은 노력하지 않는 왕국 역, 노력하지 않는 왕국 역입니다."

미사키는 용수철이 튕겨 오르듯 자리에서 일어나 문 앞에 가 섰습니다. 차창 밖을 스치는 풍경이 차츰 느려지더니 뚜렷해지기 시작합니다.

이윽고 기차는 어디서나 볼 법한 플랫폼에 정차했습니다.

문이 열리자 미사키는 좌우를 살피고 주위에 아무도 없는지 확인했습니다. 그러고 두 발을 모은 채 폴짝 뛰어내렸습니다.

아무래도 사람들이 보고 있으면 폴짝 뛰어내리기는 조금 창피하니까요.

"여기가 그 유명한, 노력하지 않는 왕국이구나."

주위를 빙 둘러본 미사키의 가슴에 이제부터 모험이 시작된다는 설렘이 일었습니다. 그러나 그것도 잠시, 곧 막막해지는 것을 느꼈습니다.

여러분도 미사키와 같은 상황에 놓인다면 막막할 수밖에 없을 것입니다. 아는 거라곤 이름밖에 없는 나라에 이제 막 도착했으니 지금부터 뭘 하면 좋을지 고민이 될 수밖에요.

뛰어난 풍광을 보고 멋지다고 감탄할 수 있는 이유는 여행을 가기 전 TV나 잡지 같은 매체에서 미리 정보를 접하고 오기 때문입니다. 예를 들면 일본에 관해 아무것도 모르는 외국인이 어쩌다 온천으로 유명한 하코네의 센고쿠바라를 방문했다고 칩시다. 외국인에게 그곳은 흔하디흔한 억새밭 그 이상도 그 이하도 아닐 것입니다.

이번에는 우주에서 온 외계인이 레오나르도 다빈치의 〈모나리자〉에 대한 지식이 하나도 없는 상태에서 루브르박물관을 구경한다고 생각해봅시다. 틀림없이 다른 그림과 마찬가지로 별다른 감흥 없이 스쳐 지나가겠지요.

개찰구를 빠져나온 미사키는 역 앞 교차로에서 자기도 모르게 멈춰 섰습니다.

"새가 있잖아?!"

그렇습니다. 노오력하는 나라와는 다르게 노력하지 않는 왕국의 하늘에서는 새들이 저마다 자유롭게 지저귀고 있었습니다. 새들에게 질세라 역 앞 벤치에 앉아 기타를 치며 노래하는 사람도 눈에 띕니다. 노오력하는 나라였다면 휴대전화를 들여다

보며 걷느라 고개 숙인 사람들 천지일 텐데 말이지요.

여기서는 사람들이 여유롭게 수다를 떨면서 오가고 혼자서도 즐거운 표정으로 걷고 있었습니다.

미사키는 사람들의 얼굴에서 좀처럼 눈을 뗄 수 없었습니다.

"뭐가 그렇게 즐거운 걸까? 다들 왜 저렇게 기분이 좋은 거지?"

미사키는 우두커니 멈춰 선 채 사람들을 바라보았습니다.

아이도 어른도 여자도 남자도 마른 사람도 뚱뚱한 사람도 누구 할 것 없이 표정이 밝았습니다. 머리숱이 많은 사람도 머리숱이 적은 사람도 하다못해 지팡이를 짚고 다니는 할아버지마저도 리듬에 맞춰 스텝을 밟듯 걸음걸이가 하나같이 경쾌했습니다.

"우리나라랑 달라도 너무 다르잖아! 어째서 우리나라 사람은 모두 휴대전화만 보며 걷는 걸까? 왜 만날 시간이 없다고 서두르고, 이것도 갖고 싶고 저것도 갖고 싶다며 욕심내는 걸까? 역시 노력하지 않는 왕국에 오길 잘 했어. 이곳에서 열심히 노력해서 뭐 하나라도 배워가야…… 아얏!"

한참 그렇게 혼자 흥분해서 중얼거리고 있는데 뒤에서 오던 사람과 부딪히고 말았습니다.

"엇, 미안해요."

돌아보니 까만 스웨터에 안경을 쓴 남자가 미안하다는 표정으로 서 있습니다.

"뭘 좀 생각하면서 걷느라 앞을 못 봤어요. 근데 사람들 다니는 길에서 그렇게 넋을 놓고 있으면 어떡해요?"

"어…… 죄송합니다."

보아하니 남자는 할 말은 다 하는 성격인 것 같습니다.

"멍하니 서서 뭐 하는 거예요?"

"그게, 제가 노오력하는 나라에서 지금 막 도착했거든요."

"노오력하는 나라? 무슨 종교처럼 열심히 노력하는 것만이 진리라고 믿는다는, 그 노오력하는 나라요?"

"네, 그 노오력하는 나라에서 왔어요."

"여긴 거기랑 완전히 다른 곳이에요. 노력에 목숨 거는 사람은 아무도 없죠. 당신과는 맞지 않을 테니 그냥 돌아가는 게 좋을걸요. 근데 여긴 뭐 하러 왔어요?"

"그게, 사실은……."

그때 미사키의 배에서 꼬르륵 소리가 났습니다.

순간 정적이 흐르고 이내 눈이 마주친 두 사람은 어색한 웃음을 지었습니다.

"배가 많이 고픈가 보네. 일단 우리 집에 가서 밥부터 먹는 게 어때요? 나머지는 배를 채운 다음 이야기하죠."

"하지만."

아침도 안 먹고 집을 뛰쳐나와 배가 몹시 고팠지만 미사키는 망설였습니다. 혹시라도 이 까만 스웨터를 입은 남자가 나쁜 사람이면 어떡하지요? 기껏 큰맘 먹고 새로운 가치관을 배우려는데 범죄에 휘말리기라도 하면 큰일입니다. 일단 가출을 하긴 했어도 집에는 무사히 돌아가고 싶으니까요.

"말씀은 고맙지만, 낯선 사람 집에는 가는 거 아니라고 배웠거든요."

미사키는 머뭇거리며 거절을 했습니다.

"대놓고 그렇게 말하다니 참 솔직한 성격이네요."

남자가 웃으며 말했습니다.

"가족이랑 함께 살고 있으니까 집 앞까지 가서 보고 결정해요, 그럼."

남자를 따라가니 부인과 어린아이들이 집 앞에 나와 미사키를 맞아주었습니다. 무엇보다 안에서 빵을 굽고 있는지 고소한 냄새가 솔솔 풍겨왔습니다. 미사키는 남자의 초대를 받아들이기로 마음먹었습니다.

구구절절 늘어놓을 것 없이 그냥 깔끔하게 소개할게요.

까만 스웨터를 입은 남자의 집은 공원 옆에 있는 3층짜리 빌라로, 거실에 들어서자 커다란 창문 밖으로 빨래가 펄럭이고 있는 베란다가 한눈에 들어왔습니다.

남자가 권하는 대로 의자에 앉은 미사키는 주변을 둘러보았습니다. 어디선가 기분 좋은 바람이 불어왔습니다. 빵 굽는 냄새에 절로 기분이 말랑말랑해지네요.

다시 베란다 쪽으로 시선을 돌린 미사키는 문득 어떤 사실을 알아차렸습니다.

빨래가 온통 까만 스웨터와 청바지 일색입니다. 어른 옷도, 작고 귀여운 아이 옷도. 가지런히 널려 있는 까만 스웨터와 청바지.

고개를 돌려 남자를 보니 역시 까만 스웨터와 청바지를 입고 있습니다. 부인도 까만 스웨터에 청바지를 입고 있습니다. 아이들 역시 까만 스웨터와 청바지 차림입니다. 패밀리룩이라고나 할까요?

"저…… 모두 같은 옷을 입으셨네요. 혹시 오늘 무슨 기념일인가요?"

미사키가 물었습니다.

"우린 매일 이렇게 입어요. 한번 볼래요?"

남자는 어떤 방으로 미사키를 데려가더니 옷장을 열어 보여 주었습니다. 온통 까만 스웨터와 청바지였습니다.

그걸 들여다보자 『왕괴짜 돈만이』*의 한 장면이 떠올랐습니

● 1986년 일본에서 출간된 만화. 부자들이 다니는 전원초등학교에 대박그룹의 후계자 오돈만이 전학 오면서 벌어지는 이야기를 담고 있다.

다. 주인공 돈만이는 잘나가는 재벌 2세인데도 늘 같은 옷을 입고 다닙니다.

어느 날 궁금증을 이기지 못한 친구 하나가 그 이유를 묻자 돈만이는 친구를 집으로 데려와 널따란 드레스룸에 똑같은 옷 3천 벌이 빽빽이 걸려 있는 광경을 보여주지요.

"똑같은 옷이 왜 이렇게 많아요?"

미사키가 묻자 까만 스웨터의 남자는 으스대는 듯한 표정으로 대답했습니다.

"인간은 중요한 일을 결정할 때 쓸 수 있는 집중력이 하루에 열 번밖에 안 되거든요."

"열 번요?"

무슨 말인지 알 수 없는 미사키는 눈을 동그랗게 뜬 채 되물었습니다.

"쉽게 말하면 이런 거죠. '이걸로 할까? 아니, 저게 더 낫겠어' 와 같은 의사결정에 쓸 수 있는 카드가 하루에 열 장밖에 안 된다는 얘기예요."

"정말요?"

"〈신기한 부적 세 장〉이라는 옛날이야기 들어본 적 없어요? 쫓아오는 마귀할멈을 물리칠 수 있는 부적은 세 장밖에 없다는 이야기. 그거랑 비슷한 거예요. 스스로 결정할 수 있는 선택권은

하루에 열 번밖에 없어요."

까만 스웨터의 남자는 이어서 말했습니다.

"그래서 난 정말 중요한 결정을 내려야 할 때를 대비해서 중요하지 않은 것들은 미리 정해둬요. 오늘 아침 무슨 옷을 입고 출근할까 같은 사소한 선택에 귀중한 카드를 허비하고 싶진 않으니까요."

그러고 보니 미국의 오바마 전 대통령도 회색이나 푸른색 계열의 슈트만 입는 것으로 유명합니다. 애플 창업자 스티브 잡스도 까만 터틀넥과 청바지가 트레이드 마크였습니다. 페이스북의 마크 저커버그 역시 회색 티셔츠에 까만 점퍼 차림으로 친숙합니다. 천재 물리학자 알베르트 아인슈타인도 똑같은 슈트를 몇 벌이나 가지고 있었다는 일화가 전해집니다.

아하, 그게 다 신기한 부적 세 장 이론이었던 거군요.

까만 스웨터를 입은 남자의 부인도 거들었습니다.

"아침마다 오늘은 뭘 먹으면 좋을까 같은 고민에도 굳이 카드를 쓸 필요가 없다고 생각해요."

그 말을 듣자 미사키는 아침에 일어나면 엄마가 "오늘은 빵 먹을래, 아니면 밥 먹을래?" 하고 물어보는 게 짜증스러웠던 기억이 떠올랐습니다. 그것이 딸을 배려하는 엄마의 방식이라는 걸 모르지는 않지만요.

하지만 아침에 뭘 먹든 그런 건 미사키로서는 아무래도 상관없는 일이었습니다. 한편으로는 엄마도 매번 아침 메뉴를 결정하는 게 귀찮으니까 선택을 떠넘기는 게 아닌가 하는 의심도 살짝 듭니다.

까만 스웨터를 입은 남자의 부인은 계속해서 말했습니다.

"그래서 우리 식구의 아침은 언제나 밥과 된장국, 달걀 프라이와 장아찌예요. 점심은…… 아, 마침 다 됐네."

테이블 위에 크루아상이 올라왔습니다. 갓 구운 빵 특유의 고소한 향기와 바싹하게 구워진 베이컨 냄새에 입안 가득 군침이 고입니다.

"점심은 이렇게 크루아상에 베이컨, 감자 샐러드, 수프를 먹어요. 식단을 정해두면 장 보기도 한결 편하죠. 크루아상 생지는 주말에 미리 만들어서 냉동해놓으면 되고.

아침이랑 점심은 간단히 먹는 대신 저녁은 든든하게 해 먹는답니다. 그래서 오늘 저녁은 뭐 해 먹지, 하고 메뉴를 생각하는 일이 소소한 낙이 되었어요."

까만 스웨터를 입은 남자의 부인은 수프의 따뜻한 김 너머로 웃으며 말했습니다.

"하지만."

미사키는 궁금했습니다.

"그렇게 하면 질리지 않나요? 매일 똑같은 옷을 입고 매일 똑같은 음식을 먹는 생활이라니, 솔직히 재미없어요."

"정말 은근히 할 말 다 한다니까."

"앗, 죄송해요."

"난 열 장의 카드를 사용하는 방법 자체가 바로 그 사람의 인생이라고 생각해요. 꾸미고 사치하는 걸 좋아하는 사람은 카드를 외모나 패션에 쓰면 되는 거예요. 먹는 걸 좋아하는 사람은 맛있는 요리나 맛집 탐방에 쓰면 되는 거고.

난 잡지사에서 부편집장을 맡고 있기 때문에 어떤 기획을 하고 어떤 특집 기사를 낼까 같은 고민에 카드를 다 쓰고 싶어요. 그래서 옷 입는 것엔 카드를 쓰지 않기 위해 자동화한 거죠."

"하지만."

미사키는 남자의 이야기를 들을수록 의문이 깊어갔습니다.

"카드가 정말 열 장밖에 없나요? 노오력하는 나라에서는 다들 아침부터 밤까지 밥은 뭘 먹을지, 벗어놓은 잠옷은 세탁할지 아니면 하루 더 입을지, 외출복은 또 뭘 입을지, 신발은 어떤 걸 신을지, 전철을 타려면 몇 분 후에 나가면 좋을지 등등 온갖 상황에 카드를 쓰고 있지만 별 탈 없이 살고 있거든요."

까만 스웨터를 입은 남자와 부인이 서로 눈빛을 교환하더니 "후-후-후" 하고 웃었습니다. 남자가 물었습니다.

"매일 아침부터 밤까지 끊임없이 사소한 판단을 하면서 살면 지치지 않을까요? 그리고 그렇게 살면 오늘은 이런 걸 했구나 하는 충족감을 과연 얼마나 느낄 수 있을까요? 그건 열 장의 카드를 잘게 찢어서 조금씩 쓰는 거나 다를 게 없어요. 잘게 찢어서 쓰면 그만큼 가치도 떨어지지 않겠어요?"

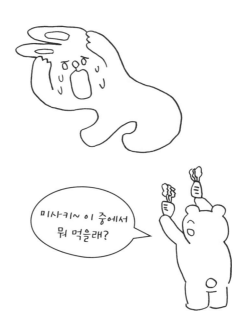

미사키~ 이 중에서 뭐 먹을래?

미사키는 크루아상을 한입 크게 베어 물었습니다. 크루아상이 천상의 맛처럼 느껴졌습니다. 배고플 때는 원래 음식을 준 사람이 하는 얘기는 다 옳게 느껴지는 법이지요.

"사람들이 뭔가 판단하는 걸 피곤해한다는 거군요."

"그래, 바로 그거예요. 점심 메뉴를 테마로 한 〈사라메시〉라는 TV 프로그램 거기서도 해요?"

"네, 우리나라에서도 해요."

"그 프로에 나오는 '그 사람도 점심을 먹었다'는 코너 혹시 알아요? 지금은 죽고 없는 위인들이 먹었던 점심 메뉴를 소개하는 거요."

"알아요. 저 그 코너 좋아해요."

"거기 보면 신기하게도 성공한 사람들은 한 식당에서 한 메뉴만 먹었던 경우가 많잖아요. 그 사람들도 카드를 분산하지 않고 몰아서 사용했던 게 아닐까요?"

"듣고 보니 그러네요. 그나저나 이거 완전 맛있어요. 잘 먹었습니다."

맛있는 점심을 먹고 미사키는 까만 스웨터를 입은 부부와 작별 인사를 했습니다.

미사키가 노력하지 않는 나라에서 배운
첫 번째 교훈

의사결정에 쓸 수 있는 카드는 하루에 열 장밖에 없다.
그러므로 정말 중요한 결정을 내려야 할 때를 대비해
사소한 결정은 미리 내려놓도록 하자..

어떤 일을 하든
쉽게, 재밌게, 단순하게

: 일을 게임처럼 즐기며 하는 사람

미사키는 까만 스웨터를 입은 가족의 집을 나섰습니다. 그런데 계단을 내려와 1층에 막 도착한 순간 예상치 못한 소란과 맞닥뜨리고 말았습니다.

"글쎄, 집에 사놓은 게 있다니까요!"

공교롭게도 어느 방문판매원이 매몰찬 거절과 함께 문전박대 당하는 상황을 목격하게 된 것입니다.

'방문판매원도 참 먹고살기 힘든 직업이구나.'

미사키는 이런 생각을 하면서 오지도 가지도 못 하고 서 있었습니다.

그런데 이게 웬일인가요? 문이 닫히자마자 방문판매원이 뜻밖의 행동을 하는 겁니다.

"앗싸~!"

그러고는 주먹을 불끈 쥐며 승리의 포즈를 취합니다. 마라톤 대회에서 우승컵을 거머쥐기라도 한 듯 얼굴에 희열이 가득 차 있습니다.

분명 거절당했는데 어째서 저렇게 기뻐하는 걸까요?

궁금해서 저도 모르게 빤히 보고 서 있던 미사키는 방문판매원과 눈이 마주치고 말았습니다.

"거기, 당신. 속으로 '문전박대당한 주제에 왜 그렇게 좋아하는 거야?' 하고 생각했죠?"

"네? 아, 뭐……."

"'문전박대를 하도 당해서 살짝 맛이 간 거 아냐?' 하고 생각했죠? 그렇죠?"

"네? 아, 네."

"아니, 아무리 그래도 그렇다고 대답하면 안 되죠."

"앗, 죄송해요."

미사키는 당황했습니다. 우리의 주인공은 여기서 첫 위기에 봉착하게 되는 걸까요?

"남의 집 앞에 서서 얘기하는 것도 좀 그러니까 일단 저쪽으로 자리를 옮깁시다."

방문판매원은 미사키를 빌라 옆의 공원 벤치로 데려갔습니다.

햇볕은 아주 따스했지만 뭔가 영문을 알 수 없는 전개가 이어지는 오후입니다.

"오늘 저녁엔 특별히 초밥을 먹기로 했어요."

"아…… 오늘 저녁 메뉴는 초밥이군요."

방문판매원이 갑자기 왜 그런 이야기를 꺼내는지 알 수 없었지만 미사키는 대충 적당한 대답을 해주었습니다.

무슨 말을 해야 할지 잘 모를 때는 일단 상대방이 한 말을 따라 하며 맞장구치는 것이 가장 무난합니다. 아빠가 예전에 열심히 읽던 책을 살짝 훔쳐본 적이 있는데 그런 말이 쓰여 있었던 기억이 납니다.

"난 집집마다 방문해서 영업을 하는 사람이에요. 두부를 팔고 있죠."

"두부를…… 판다고요?"

슈트 차림의 방문판매원이 들고 있는 것은 심지어 제임스 본드가 들고 다니던 007 가방입니다. 아무리 봐도 두부를 파는 사람으로는 보이지 않습니다.

"못 믿겠어요? 자, 봐요."

방문판매원은 007 가방을 열어 속에 든 것을 보여주었습니다. 과연 007 가방 속에는 물에 잠긴 상태로 포장된 두부가 빼곡히 들어 있었습니다.

"잘 들어봐요. 앞으로 다가올 시대에 중요한 게 뭔 줄 알아요? 바로 의외성이에요. 레드 오션에서 살아남으려면 다른 사람이 미처 생각하지 못한 걸 할 수 있어야 한다는 거죠. 넋 놓고 있다가는 10년 후 AI한테 일자리를 빼앗길지 몰라요. 무슨 말인지 알겠어요?"

방문판매원은 어디선가 주워들은 이야기를 마치 자기 생각인 것처럼 늘어놓았습니다.

하지만 확실히 007 가방에 두부를 넣어 팔고 다니는 두부 장수는 한 번도 못 본 것도 사실입니다. 지금껏 없었던 데는 다 그만한 이유가 있었겠지만 말이지요.

방문판매원은 계속해서 말했습니다.

"예전엔 영업이 싫어서 일하는 게 정말 재미가 없었어요. 매일 똑같은 일을 반복해야 하니까 질리더라고요. 거절당할 때마다 상처도 받고. 뭐랄까, 나도 같은 사람인데 인격을 부정당하는 기분이랄까. 아무리 노력해도 돌아오는 게 없으면 솔직히 기운 빠지잖아요?"

"그렇죠, 기운 빠지죠."

"일하는 게 싫다 보니 자꾸 일은 안 하고 게임만 하게 되더라고요. 집에서도 게임, 퇴근길 전철에서도 게임, 업무 시간에도 조금이라도 자투리 시간이 생기면 게임을 했어요. 특히 난 외근직이니까 눈치 볼 사람도 없잖아요. 그래서 진짜 실컷 게임을 했죠."

"실컷 하게 되겠네요."

"물론 주위에서는 말이 많았어요. 애처럼 게임만 한다든가 한심하다든가 시간 낭비라든가 뭐 그런 말들."

"시간 낭비……."

"그래요, 시간 낭비라는 말 참 많이 들었죠. 근데 난 게임은 진짜 못 그만두겠더라고요."

"원래 게임이란 게 한 번 빠지면 헤어나오기 힘드니까요."

"그렇죠? 하지만 게임을 꼭 그만둬야 하는 걸까요? 네? 꼭 그만둬야 하는 거냐고요. 내가 이렇게 게임에 열중하는 건, 게임에는 다 의미가 있어서 그래요. 난 나에 대한 믿음, 즉 게임을 좋아하는 나에 대한 믿음이 있다 이 말씀이에요."

"나에 대한 믿음요?"

"네. 그래서 남들이 뭐라든 계속 게임을 했어요. 주야장천 게임만 했죠. 근데 그러다가 어느 날 문득 깨달은 거예요."

"깨달았다고요? 뭘요?"

"인생은 게임이란 사실요. 인생은 게임이에요!"

"아아, 그 게임요?"

"아니, 그 게임 말고요."

"앗, 죄송해요."

"잘 들어봐요. 인생은 게임이에요. 인생 자체를 게임이라고 생각하면 힘들고 괴로운 일 따위 하나도 없어요."

"네?"

"예를 들면 난 방문판매원이라는 캐릭터고 지금 거절당하는 게임을 하는 중이죠."

방문판매원은 휴대전화에 있는 카운트 애플리케이션을 보여주며 말했습니다.

"거절당하는 횟수가 천 번이 되면 그날 저녁은 맛있는 초밥을 먹기로 되어 있어요."

"아, 그래서."

"맞아요. 아까 거절당한 게 딱 천 번째였거든요. 그래서 오늘 저녁은 거하게 초밥을 먹게 된 거예요. 어제까지 구백구십 번 거절당했으니 오늘은 천 번을 달성할 수도 있겠다는 생각이 들더라고요. 아침부터 어찌나 들뜨던지. 그러니까 지금 내가 이렇게 돌아다니면서 영업하는 것도 일종의 게임인 거죠. 이 앱 좀 봐요. 하루에 만 보를 걸으면 캐릭터가 레벨업도 한다고요."

"레벨업도 하고, 그거 괜찮네요."

"게임이라고 생각하기 전에는 일하는 것도 사는 것도 힘들기만 했어요. 하지만 이젠 깨달았죠. 인생은 게임이란 걸."

"아아, 그 게임요?"

"그 게임 아니라니까요."

"앗, 죄송해요."

"생각해보면 쇼핑도 일종의 게임이에요. 마트에 가면 필요한 것만 카트에 담아서 얼마나 빨리 계산대까지 도착할 수 있나 하는 게임."

"쇼핑도 게임이군요."

"시험공부도 마찬가지예요. 예를 들면 역사 과목은 연도별로 일어난 사건을 정리해 연표를 만드는 게임이죠."

"공부할 때도 써먹을 수 있네요."

"맞아요. 암기 과목은 전부 게임이에요. 그렇게 해서 도쿄대에 들어갔다는 사람도 있다더라고요. 그러니까 아무리 노력해도 도중에 그만두고 마는 사람들에게 해주고 싶은 얘기는, 노력

인생은

~~초밥~~ 게임

을 노력이라고 생각하는 동안은 어디까지나 노력 그 이상도 그 이하도 아니라는 거죠."

"노력을 노력이라고 생각하는 동안은 어디까지나 노력……."

뭔가 그럴듯한 말처럼 들리면서도 한편으로는 아무 말도 아닌가 싶기도 하지만, 어쨌든 그저 게임일 뿐이라고 생각하면 뭘 해도 재미는 있을 것 같습니다.

"특히 게임을 좋아하는 사람은 일이든 뭐든 게임이라고 생각해버리면 힘들기는커녕 자기도 모르게 빠져들어서 열심히 하게 돼요. 솔직히 말해서 스님들이 하는 고행도 다 살면서 얼마나 덕을 많이 쌓는가 하는 게임인 셈이잖아요? 잠깐만요, 벌써 시간이 이렇게 됐네."

방문판매원은 그렇게 말하고는 돌연 자리에서 일어나 걷기 시작했습니다.

"한 시간에 한 번은 사람을 만나야 하는 퀘스트가 있어서요. 미안하지만 먼저 가볼게요."

인생은 게임.

적어도 저 방문판매원의 인생만큼은 즐거운 게임 같다는 생각을 한 미사키였습니다.

"게임화한다는 건 눈에 보이지 않는 성과를 포인트로 적립한다는, 뭐 그런 뜻인가?"

미사키는 떠나온 고향, 노오력하는 나라에 있는 가족의 얼굴을 떠올렸습니다.

"그러고 보니 우리 아빠도 책을 읽으려고 노력하니까 오히려 꾸준히 못 했던 게 아닐까? 독서도 게임화해서 하면 훨씬 재미있을 텐데. 예를 들면 책 속에서 '복'이라는 글자를 열 개 찾으면 복이 온다고 생각하고 책을 읽는 거야."

미사키는 한 가지 더 깨달은 것이 있습니다.

"그나저나 진짜 앵무새처럼 따라 하기만 해도 대화가 되네."

미사키가 노력하지 않는 나라에서 배운
두 번째 교훈

인생 자체를 게임이라고 생각하면
사는 게 덜 힘들어진다.
지금 아무리 노력해도 성과가 없다면
한번 게임을 하듯 인생을 즐겨보는 건 어떨까.

작은 습관을 만들어줄
나만의 스위치 찾기

: 미인만 보면 팔굽혀펴기를 하는 남자

방문판매원이 떠난 후 미사키는 혼자 공원에 남아 지나가는 사람들을 구경하고 있었습니다.

"정말 이 나라 사람들은 아등바등하는 일 없이 다들 즐겁게 살아가네."

왠지 노력하지 않는 왕국 사람들의 얼굴에서는 빛이 나는 것 같고 시간도 여유롭게 흘러가는 듯한 느낌이 듭니다.

그런데 바로 그때.

미사키 앞을 지나가던 남자가 별안간 앞으로 푹 고꾸라졌습니다.

"헉, 헉, 헉."

거친 숨소리. 설마 응급 상황인 걸까요?

다행히 어디가 아프거나 한 것은 아닌 모양입니다. 남자는 쓰러진 게 아니라 팔굽혀펴기를 하고 있었습니다.

"헉, 넷, 헉, 다섯, 헉, 여섯."

아무리 봐도 남자는 열심히 팔굽혀펴기를 하고 있습니다. 미사키는 생각했습니다.

'응? 여긴 노력하지 않는 왕국인데?'

뭔가 이 나라의 취지와는 맞지 않는 것 같다고 생각한 미사키는 자리에서 일어나 못 본 척 걷기 시작했습니다.

무릇 사람이란 뭔가 이해할 수 없는 현상을 마주하면 본능적으로 벗어나고 싶어지는 법이니까요.

그러나 미사키는 그 자리를 뜨는 데 실패했습니다.

"헉, 잠깐, 거기, 헉, 마흔다섯, 헉, 기다려요. 헉, 지금, 헉, 내가 왜 이러는지, 헉, 알려줄 테니까."

미사키는 팔굽혀펴기하는 남자에게 붙들리고 말았습니다.

딱 지목해서 부르는데 모르는 체하기도 그래서 미사키는 어정쩡하게 멈춰 선 채 남자를 지켜보았습니다.

"헉, 아흔여덟, 헉, 아흔아홉, 헉, 배애액."

남자는 팔굽혀펴기 백 번을 채운 후 아무 일도 없었다는 듯 벌떡 일어섰습니다.

"후우, 반가워요."

오른손을 내밀며 악수를 청하는 팔굽혀펴기하는 남자.

땅바닥을 짚었던 손인데, 하는 생각을 하며 미사키는 남자와 가볍게 악수를 했습니다.

"갑자기 놀라게 해서 미안해요. 여행 온 거죠?"

"네. 어떻게 알았어요?"

"뭐랄까. 열심히 노력하는 사람 특유의 분위기가 있거든요."

그렇게 말하고 남자는 미사키의 어깨를 다독이듯 두드렸습니다. 순간 미사키는 의심이 들었습니다.

'땅바닥을 짚느라 더러워진 손을 은근슬쩍 내 옷에 닦으려는 건가?'

"참, 내가 갑자기 팔굽혀펴기를 시작한 이유는 말이죠."

별로 궁금하지는 않았지만, 미사키는 일단 "네" 하고 고개를 끄덕여 보였습니다.

"미인을 볼 때마다 팔굽혀펴기를 하기로 마음먹었거든요."

"미인, 요?"

"아까 하얀 블라우스를 입은 미인이 지나갔잖아요?"

"글쎄요. 전 못 봤는데요."

"그래요? 아무튼 난 미인만 보면 언제 어디서든 팔굽혀펴기를 하겠다고 결심했거든요."

"하지만 굳이 이런 길바닥에서 할 필요가 있나요? 피트니스 클럽 같은 데 가서 하면 되잖아요."

"그렇게 하면 꾸준히 하기 힘드니까요. 왜 있잖아요. 피트니스 클럽에 등록해놓고도 잘 안 가는 그런 사람. 가야지, 가야 해. 돈이 아까워서라도 가야 한다고! 머리로는 생각하는데 결국은 안 가게 되는 사람."

미사키는 무심코 아빠를 떠올렸습니다.

"그게 왜 그런 줄 알아요? 과정이 너무 많아서 그래요. 생각해 봐요. 피트니스 클럽에 한 번 가려면 ① 아침에 일어나서 ② 세수하고 ③ 양치하고 ④ 외출복으로 갈아입은 다음 ⑤ 짐을 챙겨서 ⑥ 신발을 신고 집을 나와 겨우 피트니스 클럽에 도착해요. 근데 또 도착한 뒤로도 ⑦ 출석 체크를 하고 ⑧ 신발을 사물함에 넣고 ⑨ 다시 운동복으로 갈아입고 ⑩ 운동 기구가 있는 곳까지 이동한 후에야 팔굽혀펴기를 할 수 있어요. 무려 열 가지나 되는 과정을 거쳐야 하는 거죠. 얼마나 번거롭냐고요."

"듣고 보니 확실히 번거롭긴 하네요."

"뭔가를 꾸준히 하려면 그걸 시작하기까지의 과정을 최대한 줄이는 게 중요해요. 한 마디로 단순화하는 거죠! 공부도 마찬가지예요. 처음부터 훑어보려 하지 말고 그냥 그날 해야 할 부분만 딱 펼쳐서 책상 위에 올려놓으면 자연히 책상 앞에 앉아서 하게 되거든요. 이건 영국의 무슨 유명한 학자도 실천하는 방법이라고 해요.

빨래도 세탁기에서 꺼낸 후 옷걸이에 걸어서 건조대에 널어놓으면 다 말랐을 때 하나하나 갤 필요 없이 그대로 가져다 옷장에 걸기만 하면 되니까 훨씬 수월해요.

서류 정리도 하나부터 열까지 깔끔하게 파일링하려고 하니까 결국은 귀찮아서 안 하게 되는 거거든요. 그냥 트레이 같은 데다 쌓아놓고 그때그때 뒤적여서 보는 편이 오히려 나중에 찾기도 편해요.

과정이 많으면 많을수록 계속하기 힘들어지는 법이니까요. 이건 초등학생도 다 아는 거예요."

"정말 그러네요."

"그래서 난 결심했죠. 그냥 그 자리에 엎드려서 해버리자고. 내 몸 자체를 이용해서 운동하자고!"

"그래서 운동 기구를 쓰지 않고 팔굽혀펴기를 했던 거군요."

"맞아요. 그 자리에 그냥 엎드리는 거로도 충분히 운동이 되는데 굳이 피트니스 클럽에 다닐 필요 있나요?"

"으음, 무슨 말인지는 알겠어요. 근데 그 뭐랄까, 그렇다고 길바닥에서 하는 건 좀 그렇지 않나요?"

팔굽혀펴기하는 남자는 이런 질문이 나올 줄 알았다는 듯 의기양양한 표정으로 대답했습니다.

"스위치가 필요하니까요."

"스위치요?"

"네. 이를테면 조건반사 같은 거죠. 종이 울리면 점심시간이고, 주말 예능을 보고 나면 한 주일을 마무리하는 것처럼 말이죠. 자기한테 맞는 스위치를 장착하는 거예요. 미인이 지나가잖아요? 그럼 남자라면 당연히 미인에게 잘 보이고 싶은 마음이 들거고, 미인의 눈에 들려면 자연히 '운동해서 슬림한 근육남이 되어야지' 하고 생각하게 되니까. 바로 그 심리를 이용하는 거죠. 어, 또 오네. 하아, 젠장. 이제 막 팔굽혀펴기 끝냈는데."

남자는 아까처럼 땅바닥에 엎드리더니 팔굽혀펴기를 하기 시작했습니다.

"헉, 하나, 헉, 둘, 헉, 셋."

미사키는 그래도 석연치 않은 부분이 있었습니다.

"그럼 미인을 봐도 슬림한 근육남이 되고 싶다는 생각이 안드는 사람은 어떻게 해요?"

남자는 팔굽혀펴기를 하는 와중에도 자랑스럽게 말했습니다.

"헉, 열하나, 그건 말이죠, 헉, 열둘, 헉, 나 자신을 움직이게 하는, 헉, 열셋."

읽는 것도 번거로우니 '헉'을 생략해서 정리하면 이렇습니다.

"나 자신을 움직이게 하는 스위치를 찾아내야 해요. 그 스위치는 이성에게 인기를 얻는 것일 수도 있고, 부자가 되고 싶은 것일 수도 있고, 유명해지고 싶은 것일 수도 있죠. 그게 뭐든 다 좋아요. 의욕을 불러일으키는 나만의 스위치를 찾아내는 것. 과정을 줄이고 행동을 단순화하는 것. 이 두 가지만 되면 나머지는 노력하지 않아도 알아서 잘 풀리게 되어 있어요."

　노력하지 않아도 알아서 잘 풀린다!

　미사키는 아주 유익한 이야기를 들은 것 같다는 생각이 들었
습니다.

미사키가 노력하지 않는 나라에서 배운
세 번째 교훈

뭔가를 꾸준히 하려면 나 자신을 움직이는
스위치를 찾아내 작동할 줄 알아야 한다.
행동을 단순화시켜서 애써 노력하지 않아도
일이 술술 풀리게 해보자.

의욕이 아닌
흥미와 재미를 원동력으로

: 바람을 타고 달리는 새하얀 이의 요트맨

미사키는 공원을 나와 다시 걸었습니다.

여전히 정처 없지만 상쾌한 바람 덕에 발걸음은 가볍기만 합니다. 가끔 얼굴에 스치는 바람이 기분 좋아서 저도 모르게 바람이 불어오는 곳으로 발걸음이 향하는 일 있지 않나요?

뭐, 별로 없으려나요.

미사키가 바람이 불어오는 곳으로 걷기 시작한 지 얼마 되지 않아 좁은 골목이 끝나고 항구가 나타났습니다.

"우와, 바다다! 바다는 정말 오랜만인데."

미사키가 바람에 실려 온 바다 내음을 깊이 들이마시는데 저 멀리서 배가 한 척 다가왔습니다.

그런데 왠지 미사키를 향해 오고 있는 것 같은 느낌이 들었습니다. 떨떠름해진 미사키는 왼쪽으로 몇 걸음 자리를 옮겼습니다. 그래도 배는 미사키가 있는 곳으로 곧장 다가왔습니다. 미사키가 좀 더 왼쪽으로 달려가자 배도 미사키가 옮겨 간 방향으로 뱃머리를 돌렸습니다.

"헐, 뭐야? 왜 자꾸 따라오는 거지?"

미사키가 당황해서 어쩔 줄 몰라 하는 동안 배는 점점 거리를 좁혀오더니 바로 앞에 멈춰 섰습니다.

이제 보니 배가 아니라 요트네요.

"어이, 거기!"

보기 좋게 그을린 얼굴에 유난히 이가 새하얀 할아버지가 요트 안에서 모습을 드러냈습니다. 굳이 닮은 사람을 꼽자면 산타 클로스 할아버지 정도일까요?

"넌 노오력하는 나라에서 왔구나."

"언제 봤다고 대뜸…… 잠깐, 그건 어떻게 아셨어요?"

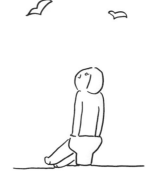

"어깨에 힘이 잔뜩 들어가 있는 게 보이니까 그렇지. 쯧쯧, 딱하게도."

"그게 그냥 보면 알 수 있는 거예요?"

"그럼, 알 수 있고말고. 어깨에 계속 힘을 주고 있다 보면 금세 지치게 마련이거든. 옳지, 이렇게 만난 것도 인연이니 이 아저씨가 노력하지 않고 잘 사는 방법을 알려주마."

"역시 본론에 들어가는 것도 거침없으시네요."

이가 유난히 새하얀 요트맨은 갑판 위에 서서 가장자리에 한 발을 걸치고는 모델처럼 포즈를 취했습니다. 물론 턱을 한 손으로 괴는 것 역시 빼먹지 않았지요.

"자, 그럼 노력하지 않고 잘 사는 방법에 관해 알려줄 테니 잘 들어보렴."

"네, 네. 알려주세요."

"언젠가는 떨어지게 마련인 가솔린을 동력으로 삼지 말 것."

이가 새하얀 요트맨은 멋있는 표정을 지어 보이며 말했습니다. 그러나 미사키는 그게 무슨 뜻인지 전혀 짐작이 가지 않았습니다.

"그게 무슨 말이에요?"

"그러니까 이게 무슨 말인고 하면."

이가 새하얀 요트맨은 미사키 쪽으로 몸을 틀고 설명하기 시작했습니다.

"이건 어디까지나 비유란다. 노력, 그건 배로 말하자면 엔진에 해당해. 그리고 엔진을 돌아가게 하려면 가솔린이 필요하지. 그런데 가솔린이 떨어지면? 배는 멈출 수밖에 없어. 하지만 요트는 어때? 바람만 있으면 어디든 갈 수 있지."

"그렇지만 바람이 없을 때는요?"

"그땐 쉬면 되지."

"그래도 되는 거예요?"

"암, 그래도 되고말고. 열심히 노력하면 절대 목표에 다다를 수 없어. 예를 들면 이런 거야. 네가 여기서 배를 타고 바다를 건너 뉴욕으로 가려고 한다고 치자. 이건 큰 목표에 대한 비유야. 의욕이라는 가솔린을 배에 가득 채우고 항구를 출발해. 처음에는 거침없이 물살을 헤치고 나아가겠지. 하지만 언제고 의욕, 즉 가솔린이 바닥나면 바로 멈춰 서고 말 거야, 그게 바다 한복판이든 어디든. 그래서 언젠가는 떨어지게 마련인 가솔린을 동력으로 삼지 말라고 하는 거란다. 알겠니?"

"거기까지는 대충 알 것 같아요."

"그에 비하면 요트는 어때? 가솔린 같은 건 처음부터 아예 필요가 없어. 그저 뉴욕이라는 목적지와 바람을 받아내는 돛만 있을 뿐이지. 바람이 불면 앞으로 나아가고 바람이 없으면 멈춰서

쉬고 다시 바람이 불면 앞으로 나아가는 거야. 이렇게 하다 보면 언젠가는 큰 목표에 다다르게 되지."

"하지만 식량이 없는데 어떻게……."

"그래서 내가 이건 어디까지나 비유라고 했잖아. 그런 자잘한 부분까지 꼭 파고들어야겠니? 그럼 식량은 잔뜩 있다고 치자. 아니면 가다가 어디 다른 항구에 잠깐 들른다든지. 암튼 그런 건 적당히 넘어가자고."

"하긴 어디까지나 비유니까요. 근데 요트의 동력이 되는 바람은 무엇의 비유죠?"

"그건 바로 시간이야. 의욕이라는 가솔린만 믿고 에너지를 다 쓰기보다는 시간이라는 바람을 타고 조금씩 목표에 다가서는 방법이 확실하다는 걸, 이 아저씨는 가르쳐주고 싶은 거란다."

"근데 어째서 의욕은 언젠가 바닥을 드러내게 마련이라고 단정 짓는 거죠?"

"왜냐하면, 잘 들어봐. 노력한다는 건 뭔가 조금이라도 힘을 들여서 한다고 할까, 자신을 다그친다고나 할까, 아무튼 자발적으로 좋아서 한다기보다는 억지로 애를 쓴다는 뉘앙스를 품고 있잖아? 마지못해서 하는 마음으로 목표를 이루려고 하는 건 목표에 대한 예의가 아니라고 생각해."

"목표에 대한 예의가 아니라……. 그렇군요. 지금껏 그런 생각은 한 번도 해본 적이 없는 것 같아요."

미사키는 팔짱을 낀 채 천천히 걷기 시작했습니다.

"확실히, 노력해야겠다고 마음먹으면 그때부터 부담을 느끼고 스스로를 몰아세우게 되긴 해요. 생각해보면 의식해서 '하는' 것보다 의식하지 않아도 '할 수 있는' 경우가 더 일이 잘 풀렸던 것 같아요. 아침마다 하는 양치질도 의식해서 하지 않으니까 오히려 꾸준히 계속하게 되는 거니까요.

잠깐, 그럼 무의식적으로 하게 되면 굳이 노력하지 않아도 일이 잘 풀린다는 건데. 하지만 무의식적으로 하게 되기까지가 어려운 거잖아요? 그 방법을 모르니까요."

미사키는 혼잣말처럼 투덜거리며 걸어온 길을 되돌아갔습니다.

이가 새하얀 요트맨은 불어오는 바람에 몸을 맡기고 또다시 멋진 포즈 잡기 삼매경입니다.

미사키는 고맙다는 인사도 잊은 채 골똘히 생각에 빠졌습니다.

'목표를 향해 무의식적으로 행동하기 위해서는 어떻게 하는 게 좋을까?'

할아버지는 그런 미사키의 모습이 기꺼웠는지 멋진 포즈를 취한 채 "훗" 하고 작게 웃었습니다.

정작 그런 할아버지의 멋진 포즈에는, 미사키를 포함해 세상 누구도 신경 쓰는 사람이 없었지만 말이지요.

저 할아버지 좀 이상해……

훗

미사키가 노력하지 않는 나라에서 배운
네 번째 교훈

의욕을 동력원으로 삼으면
아무리 가득 채워도 언젠가 바닥나게 마련이다.
의욕이 아닌 흥미와 재미로 일을 하면
멈춰 섰다 쉬었다를 반복하며 시간의 흐름에 맞춰
천천히 목표에 다다를 수 있다.

습관화될 때까지
나 자신에게
충분히 보상하라

: 영어를 배울 수 있는 케이크 가게

얼마나 걸었을까요? 불어오는 바람에 더는 소금기가 느껴지지 않는다 싶을 무렵 이번에는 어디선가 달콤한 향기가 솔솔 풍겨왔습니다.

미사키는 어느 가게 앞에서 걸음을 멈추었습니다.

"영어를 배울 수 있는 케이크 가게?"

가게 안에서는 흘러간 유행가가 배경음악으로 조용히 흘러나왔습니다.

이윽고 카페 사장님으로 보이는 사람이 노래를 흥얼거리며 문을 열고 나왔습니다.

"영어를 배울 수 있는 케이크 가게~♪ 헬로! 마이 네임 이즈 스미코. 스미스가 아니라 스미코랍니다."

풍만한 몸매가 푸근해 보이는 사장님은 미사키를 향해 환한 미소를 지으며 인사했습니다.

스미스가 아니라 스미코라는 소개는 일종의 아메리칸 조크인 걸까요? 참으로 썰렁합니다.

ABC

영어를
배울 수 있는
케이크
가게

스미스가 아닌 스미코는 미사키의 떨떠름한 표정에도 아랑곳하지 않고 말을 이어나갔습니다.

"디스 카페 이즈…… 어, 그러니까 이 가게는 말이죠. 잉글리시, 즉 영어를 배울 수 있는 가게랍니다. 두 유 언더스탠드?"

"그러니까 간판에 쓰인 그대로 이해하면 되는 거죠?"

"예스. 센스가 뛰어난 분이군요. 혹시 시간 괜찮으면 차라도 마시고 가요."

사실 미사키는 영어를 잘 못합니다. 그게 늘 고민인 데다 마침 출출하던 참이었던지라, 이 특이한 사장님의 가게에 들어가 보기로 했습니다.

"하이. 자, 이쪽으로 와요."

미사키는 안내된 테이블에 앉았습니다.

주위를 둘러보니 열두 개쯤 되는 테이블이 거의 만석이었습니다.

테이블 두 곳에는 외국인 선생님에게 일대일로 영어 회화를 배우는 여성이 앉아 있었습니다. 다른 테이블에 앉은 사람들은 혼자 책을 읽거나 뭔가 쓰면서 공부를 하고 있었습니다.

영어로 주문을 받을까 봐 미사키는 스미코에게 선수를 치기로 했습니다.

"오렌지 주스 한 잔 주세요."

"오렌지 주스, 플리즈!"

스미코는 주방을 향해 외치더니 미사키에게 메뉴판을 내밀었습니다.

"케이크는 어떤 걸로 할래요?"

"케이크는 괜찮아요."

그러자 스미코는 곤란하다는 표정을 지었습니다.

"우리 가게는 세트로만 주문을 받는답니다. 그러니 맘껏 골라봐요."

역시나 좀 까다로운 곳입니다.

미사키는 메뉴판으로 시선을 내려 케이크 가격을 찾았습니다. 하지만 메뉴판을 샅샅이 훑어봐도 가격은 보이지 않습니다. 겉으로는 멀쩡해 보여도 어쩌면 바가지를 씌우는 가게인지도 모르겠네요.

"케이크는 얼마예요?"

미사키는 마음의 준비를 하고 단도직입적으로 물었습니다.

그러자 이게 웬일인가요? 뜻밖의 대답이 돌아왔습니다.

"전부 무료예요, 프리. 여긴 노력하지 않는 왕국에서 운영하는 카페라서 케이크도 영어 회화도 전부 나라에서 지원해준답니다. 그러니 비용은 신경 쓰지 말아요."

"응? 진짜?!"

미사키는 깜짝 놀란 나머지 반말로 되묻고 말았습니다. 사람이 너무 놀라면 저도 모르게 가끔 반말이 튀어나오기도 하는 법이지요.

"어째서 무료예요?"

미사키가 묻자, 스미코는 그런 질문에는 익숙하다는 듯 설명하기 시작했습니다.

"노력하지 않는 왕국에서는 국가 차원에서 모든 국민에게 영어 공부를 장려하고 있어요. 나라가 작다 보니 내수 판매는 물론 해외 수출도 해야 하는데 그러려면 영어가 필수잖아요? 그런데 외국어 공부를 어려워하는 사람은 많고요."

"맞아요. 저도 그래요."

"그런 사람들이 영어 공부한다고 무턱대고 노력만 하다가 좌절하는 일이 없도록 영어와 케이크를 세트 메뉴로 만든 거예요."

"영어와 케이크를 세트로요? 그게 무슨 말인지……."

"케이크가 먹고 싶을 때는 여기로 오는 거예요. 그러면 영어 선생님이 옆에 앉아서 각자의 수준에 맞는 영어 회화를 가르쳐 준답니다. 공부가 내키지 않으면 그냥 케이크만 먹고 가도 상관 없어요."

"전 케이크만 먹고 갈게요."

"처음에는 그런 사람도 더러 있지만 혼자서 지루하게 케이크를 먹고 있어 봐요. 누가 영어로 말을 걸어오면 자기도 모르게 무슨 뜻일까 궁금해질걸요?"

"그럴까요?"

"선생님을 매칭해줄 테니까 한번 해볼래요?"

"아뇨, 괜찮아요."

미사키는 딱 잘라 말했습니다. 역시 영어는 내키지 않습니다. 노력하지 않는 왕국에 영어 공부를 하러 온 것도 아니니까요.

"그것참 아쉽네요. 뭐, 그래도 괜찮아요. 케이크만 먹고 가도 된답니다."

스미코는 그렇게 말하고는 미사키에게 메뉴판을 다시 보여주었습니다.

"그럼, 몽블랑으로 할게요."

"몽블랑, 플리즈!"

스미코가 원어민 같은 발음으로 주방을 향해 주문을 넣었습니다.

얼마 지나지 않아 몽블랑 케이크가 나왔습니다.

미사키는 저도 모르게 "땡큐" 하고 작은 목소리로 대답했습니다.

"옳지, 굿! 바로 그렇게 하는 거예요."

스미코는 미사키가 작게 한 말을 흘려듣지 않고 아주 기뻐했습니다.

"그럼, 여기 있는 사람들은 모두 케이크를 먹고 싶어서 온 건가요?"

"맞아요, 처음에는. 혹시 습관화란 말 들어봤어요? 영어 공부든 뭐든 열심히 노력하는 것보다는 노력하지 않고도 자연스럽게 하는 상태가 되어야 도중에 포기하지 않고 꾸준히 할 수 있답니다."

"좀 전에 만났던 요트 탄 할아버지도 그런 얘기를 했던 것 같아요."

"아, 그 멋쟁이 할아버지?"

"네. 멋쟁이 할아버지였어요. 하지만 그, 노력하지 않아도 무의식적으로 하게 되기까지의 방법을 잘 모르겠더라고요."

"오~ 노! 무슨 말을 하는 거예요? 그게 바로 케이크잖아요."

스미코는 믿을 수 없다는 표정을 지으며 양손을 펼쳐 보인 채 어깨를 으쓱하며 말했습니다.

"케이크요?"

"무슨 일이든 매일 자연스럽게 할 수 있게 되기까지는 아주 작은 도움닫기가 필요한 법이죠. 얼음 위로 TV 리모컨을 미끄러트린다고 가정해볼까요?"

"얼음 위로 TV 리모컨을요? 뭔가 좀 억지스럽다는 생각이 드는데요. 차라리 컬링으로 하는 게 낫지 않나요?"

"오, 컬링을 알고 있다면 이제부터 내가 무슨 말을 하고 싶어 하는지도 잘 알겠네요."

"얼마 전 있었던 올림픽에서 컬링 경기를 봤거든요. 노오력하는 나라의 아저씨들도 모두 열중해서 봤어요. 경기 보는 척하면서 결국엔 여자 선수 중 누가 예쁘다느니 뭐 그런 얘기를 했지만 말이죠. 도대체 왜 그런 쪽으로 이야기가 흘러가는지 이해는 안 되지만 아무튼, 덕분에 컬링은 알고 있어요."

"빙판 위에서 스톤을 앞으로 쭉 민다고 생각해봐요. 스톤이 손을 떠난 후부터는 그저 주르륵하고 미끄러져 가잖아요? 가속도가 붙어서 계속 미끄러져 가는 그 상태를 바로 습관화, 혹은 자동화라고 한답니다. 계속 힘을 가하지 않아도 관성의 법칙이 작용해서 알아서 주르륵 미끄러져 가는 거죠."

그러니까 그렇게 되려면 어떻게 해야 하는지 그 방법이 궁금하다니까요.

"어떻게 하면 가속도를 붙게 할 수 있죠?"

"좋은 질문이에요. 관성을 얻기 위한 방법, 그게 바로 케이크랍니다! 그러니까 보상인 셈이죠."

"맛난 케이크가 먹고 싶어서 영어 공부를 하게 된다는 이야긴 가요?"

"맞아요. 피트니스 클럽을 끊어놓고 잘 안 가는 사람도 일단 가기만 하면 운동을 하게 되잖아요? 습관이 되기 전까지는 가속이 붙도록 도와주어야 해요. 그 방법이 바로 보상이고요. 그러니까 우리 카페는 과업과 보상이 세트로 이루어진 최상의 학습 시설인 셈이죠. 두 유 언더스탠드?"

말끝마다 어울리지 않게 영어로 되묻는 스미코. 그리고 저도 모르게 "예스"라고 대답하고 마는, 분위기에 잘 휩쓸리는 미사키.

"하지만 케이크를 안 좋아하는 사람은요?"

스미코는 기다렸다는 듯이 의기양양한 얼굴로 대답했습니다.

"자매점 '영어를 배울 수 있는 주점'도 있으니 케이크를 안 좋아하는 사람은 그쪽으로 플리즈!"

몽블랑 케이크는 아주 맛있었습니다.

'진짜 맛있다. 내가 이 나라에 살았다면 단골이 됐을지도 모르겠어.'

미사키는 영어를 배울 수 있는 케이크 가게가 아주 마음에 들었습니다.

미사키가 노력하지 않는 나라에서 배운
다섯 번째 교훈

억지로 노력하지 않아도 자연스럽게 할 수 있는
상태가 되기 위해서는 습관화가 되어야한다.
그리고 그 습관화가 되기 전까지는 가속이 붙도록
일종의 보상시스템을 마련하면 효과적이다.

하려고 마음먹은 일은
선언하고 예약하자

: 선언하는 남자와 예약하는 여자

미사키가 영어로 고맙다고 말한 후 카페를 막 나선 바로 그때!

"난 내일 아침 5시에 일어날 겁니다."

낯선 남자가 말을 걸어왔습니다.

남자는 파티 참석이라도 하려는 참인지 턱시도를 입고 있었습니다.

남자 곁에는 디즈니 애니메이션에 등장하는 공주처럼 드레스를 차려입은 여자가 서 있었습니다.

"네? 지금 저한테 하는 얘긴가요?"

미사키가 당황하는 모습을 보여도 남자는 계속해서 자기 할 말만 합니다.

"5시에요, 아침 5시에 일어날 겁니다."

그러더니 다짜고짜 미사키의 손을 잡고 힘주어 악수하는 게 아니겠어요?

"아, 네. 뭐…… 노력하면 가능하지 않을까요?"

생면부지의 남자가 뜬금없이 악수를 해온다면 당황한 나머지

누구라도 이런 식으로 대답할 수밖에 없을 겁니다.

그 광경을 보고 있던 드레스 차림의 여자가 미심쩍은 표정으로 물었습니다.

"방금 뭐라고 했어요? 노력하면, 이라고 했나요?"

"여긴 노력이 법으로 금지된 노력하지 않는 왕국입니다."

턱시도를 입은 남자가 여자의 말이 끝나자마자 못 박듯이 말을 보탭니다.

"제가 노오력하는 나라에서 오늘 막 도착해서…… 저도 모르게 노력하는 버릇이 나왔나 봐요."

미사키의 말이 채 끝나기도 전에 드레스를 입은 여자는 어딘가로 전화를 걸기 시작했습니다.

"그건 그렇고."

턱시도를 입은 남자가 미사키에게 물었습니다.

"내가 왜 아침 5시에 일어나겠다고 당신한테 말했는지 압니까?"

"아뇨. 전혀 모르겠는데요."

미사키는 살짝 울컥한 마음을 담아 대답했습니다.

"그건 말이죠."

턱시도를 입은 남자는 수염을 쓰다듬으며 말을 이었습니다.

"인간의 의지라는 건 의외로 약해요. 그래서 아침에 일찍 일어나자고 마음먹어도 오래 못 가죠."

"그건 저도 알아요. 노오력하는 나라에서도 아침에 일찍 일어나는 걸 힘들어하는 사람이 많으니까요."

"역시 그렇죠? 그래서 우리 노력하지 않는 왕국에서는 의지력을 발휘하지 않고도 아침에 일찍 일어나는 방법으로 '선언'을 장려하고 있죠."

"선언……요? 아까 저한테 아침 5시에 일어나겠다고 했던 것 말인가요?"

"맞아요, 그거예요. 많은 사람에게 선언해두면, 못 지켜 마음이 불편해지는 게 싫어서라도 선언한 대로 행동하게 되죠. 말하자면 행동 시나리오를 적어놓고 그다음엔 아무 생각 없이 적어놓은 대로만 움직이면 된다고 할까요?"

미사키는 속으로 생각했습니다.

'하지만 겨우 그런 거로 정말 아침에 일찍 일어날 수 있다면 알람시계 같은 게 왜 있겠어?'

미사키의 의혹을 눈치채기라도 한 듯 다짜고짜 선언하는 남자는 계속해서 말했습니다.

"믿기 어렵겠지만 말이죠. 열 명한테 말을 하는 겁니다. 당신도 열 명한테 한번 선언해보세요. 그러면 그 열 명은 저마다 자신의 언어로 당신을 응원해줄 겁니다. 다음 날 아침 5시에 알람이 울리면 자연히 당신을 응원해준 사람들의 얼굴이 떠오르겠지요. '넌 할 수 있어', '아침 5시에 일어나면 틀림없이 알찬 하루를 보내게 될 거야' 같은 말을 해준 사람들의 마음을 과연 나 몰라라 할 수 있을까요? 아마 그러기 힘들 겁니다."

"그건 그렇네요."

"그렇죠? 그러니까 잘 들어주세요!"

다짜고짜 선언하는 남자는 다시 한번 미사키의 손을 꼭 잡았습니다.

"난 내일 아침 5시에 일어날 겁니다."

그러고는 작은 목소리로 "뭐라고 좀 해봐요" 하고 속삭였습니다.

부탁까지 하는데 그냥 넘어갈 수는 없는 노릇입니다.

"그, 그것참 좋은 결심이네요. 아침 햇볕을 쬐면 틀림없이 행운이 찾아온다고 하니까요. 파이팅!"

이건 노오력하는 나라에서 엄마가 읽던 잡지에 나왔던 말입니다. 〈부인들이여, 노력하자!〉의 운세 코너에 실려 있던 말을 그 순간 떠올린 것입니다.

"아주 좋은 덕담을 해줘서 고마워요, 덕분에 내일 아침은 꼭 5시에 일어날 것 같은 예감이 드는군요."

다짜고짜 선언하는 남자는 크게 기뻐하며 곁에 있던 드레스

입은 여자를 소개해주었습니다.

"이 사람은 내 연인이에요. 난 '선언하는 남자'로 알려졌지만 이 사람은 '예약하는 여자'로 잡지에 칼럼을 연재하고 있죠."

"아…… 예약하는 여자, 군요."

"네, 맞아요."

드레스 차림의 예약하는 여자는 의기양양한 얼굴로 이야기를 시작했습니다. 이야기하는 걸 참 좋아하는 사람들입니다.

"예를 들면 이런 거예요. 당신이 피트니스 클럽에 등록했는데 이런저런 핑계로 자주 빠진다고 가정해봅시다."

"저희 아빠가 딱 그래요."

"그건 의지력에 기대려고 해서 그런 거예요. 좀 전에 우리 그이도 말했듯이 인간의 의지란 굉장히 약하거든요. 그래서 난 노력하지 않고도 피트니스 클럽에 꾸준히 다닐 방법으로 사람들에게 '예약'을 권하고 있어요."

"예약이라고요? 뭔가 평범하네요."

"평범한 걸로 충분해요. 아마 해보면 알게 될 거예요. 예약은 일단 누가 됐든 상대방이 있어야 할 수 있는 거잖아요? 이를테면 PT 예약이라든지. 약속을 깨면 미안한 마음이 생기니까 약속을 지키기 위해 피트니스 클럽에 가게 되는 원리인 거죠. 이건 피트니스 클럽에만 해당하는 얘기가 아니에요. 아침 조깅 같은 것도 혼자보다는 친구랑 같이하는 게 훨씬 오래가고, 다이어트도 저칼로리 식단을 취급하는 식당이나 식자재를 예약해두면 그다음부터는 식이 조절이 될 수밖에 없어요."

선언하는 남자와 예약하는 여자는 가볍게 서로의 손을 맞잡고 춤을 추면서 말했습니다.

"난 선언을 한다네. 상대방이 해준 격려를 헛되이 하지 않기 위해."

"난 예약을 한다네. 상대방이 내준 시간을 헛되이 하지 않기 위해."

두 사람은 이번에는 입을 모아 말했습니다.

"혼자가 아니라 누군가와 함께함으로써 그 목표에 바짝 다가서는 거죠."

선언하는 남자와 예약하는 여자는 서로를 안고 빙글빙글 돌기 시작했습니다. 마치 로맨틱 코미디 영화의 엔딩 장면처럼. 미사키는 살짝 부러운 마음이 들었습니다.

"두 사람, 천생연분이네."

누군가와 인연을 맺고 그 사람의 마음을 에너지로 삼아 목표를 향해 달려가는 것. 지금까지 들었던 것 중에서 가장 다정한 '노력하지 않는 방법'인지도 모르겠습니다.

미사키가 그런 생각을 하는 동안에도 여전히 빙글빙글 돌고 있는 두 사람.

그나저나 저렇게 놔둬도 괜찮은 걸까요?

미사키가 노력하지 않는 나라에서 배운
여섯 번째 교훈

하기 싫거나 어려운 일일수록 주변 사람들에게
선언해두면 말한 대로 행동하게 된다.
또 선언과 함께 해야 할 일을 미리 예약해두면
약속 깨는 게 미안해서라도 그 일을 해내게 된다.

나만의 트리거를 찾아라,
강력한 무기가 된다

: 9시만 되면 갑자기 잠드는 역무원

"이제 슬슬 집으로 돌아가 볼까?"

가출은 했지만 밤에 머물 곳을 생각해놓은 것도 아니다 보니 집으로 돌아가고 싶다는 생각이 절로 듭니다.

저 멀리 언덕 위의 한 건물에 동그마니 켜진 불빛이 눈에 들어오네요. 보아하니 역입니다.

"노력하지 않는 왕국은 생각보다 재미있는 곳이었어."

미사키는 역을 향해 걸어갔습니다.

"겨우 하루 있었지만 노력하지 않고도 목표를 이루며 즐겁게 살아가는 비결을 알게 된 것 같아."

머릿속에 오늘 만났던 사람들이 천천히 떠올랐다가 사라졌습니다. 항상 까만 스웨터를 입는 가족, 게임하듯 두부를 파는 남자, 미인만 보면 팔굽혀펴기를 하는 남자, 유난히 이가 새하얀 요트맨, 영어를 배울 수 있는 케이크 가게 사장님, 다짜고짜 선언하는 남자와 예약하는 여자…….

미사키는 횡단보도를 건너 역으로 이어지는 언덕길을 올랐습니다.

집으로 돌아가는 길이라는 생각을 해서일까요? 이 여행에 뭔가 의미를 부여하고 싶다는 생각이 들었습니다.

'이 나라에는 왜 노력하지 않는 문화가 생겨난 걸까? 노력하지 않는 것의 진정한 가치란 뭘까? 우리나라로 돌아가면 노력하지 않고 살아가기란 불가능한데, 그렇다면 오늘 이곳에서 배운 건 어떻게 써먹으면 좋을까?'

이런저런 생각을 하며 걷는 동안 미사키는 어느새 역 앞에 다다랐습니다.

올라온 언덕길을 돌아보니 고요히 내려앉은 포근한 어둠 속에 시가지의 불빛이 옹기종기 반짝이는 모습이 눈에 들어옵니다.

"저 불빛 하나하나에 이 나라 사람들의 일상이 깃들어 있는 거야."

미사키는 왠지 콧등이 시큰해졌습니다.

"노력하지 않는 왕국아, 안녕. 잘 있어. 고마웠어. 이곳에서 배운 것들을 잊지 않을 거야. 다음에는 지금보다 성장해서 올게."

미사키는 역을 향해 다시 몸을 돌렸습니다.

그리고, 경악했습니다.

믿을 수 없게도, 역에 셔터가 내려져 있는 게 아닌가요?!

미사키는 벽에 붙은 열차 시간표를 한 번 보고 두 번 보고 세

번 보았습니다.

"아니, 막차가 8시 10분이라고? 말도 안 돼!"

시계를 보니 지금은 8시 55분.

미사키가 사는 노오력하는 나라는 심지어 새벽 1시 넘어서도 열차가 다닙니다. 그러나 여기는 노력하지 않는 왕국.

미사키가 저도 모르게 큰 소리를 내서 그랬을까요?

내려져 있던 셔터가 드르륵 올라가더니 역무원이 모습을 드러냈습니다.

"혹시 여행객인가요? 죄송하지만 오늘 운행은 끝났습니다."

"그런 것 같네요."

대답은 했지만 미사키에게 지금 갈 곳이 있을 리 없습니다.

"여긴 노력하지 않는 왕국이라서 밤에는 다들 느긋하게 쉬거든요."

"무슨 말인지 알겠어요. 하지만 막차가 끊겼으니 지금부터 어떻게 해야 할지 눈앞이 캄캄하네요."

미사키가 하소연하자 역무원은 조급한 말투로 대답했습니다.

"파출소 근처에 호텔이 하나 있으니 거기로 가보세요."

말을 끝내자마자 역무원은 바로 셔터를 내리려고 했습니다. 하지만 미사키는 아직 물어보고 싶은 것이 남아 있었습니다.

"잠깐만요. 저…… 호텔은 숙박비가 얼마쯤 되나요? 제가 지금 가진 돈이 얼마 없어서요."

"숙박비가 얼마나 되는지는 잘……."

역무원이 뒤를 돌아보며 이렇게 대답하는데 어디선가 댕, 댕, 댕, 하는 종소리가 마을 전체에 울려 퍼졌습니다. 아무래도 9시 가 된 모양입니다.

"에잇, 젠장."

순간 역무원은 총이라도 맞은 것처럼 그대로 픽 쓰러졌습니다.

"응? 아니, 아저씨! 괜찮으세요? 정신 좀 차려보세요! 어떡해, 119를 불러야 하나?"

생각지도 못한 상황에 놀란 미사키는 갈팡질팡했습니다.

조금 전까지만 해도 멀쩡하던 사람이 눈앞에서 쓰러지는 걸 보는 경험은 드무니까요.

하지만 괜한 걱정이었나 봅니다. 역무원은 실눈을 뜨고 미사 키를 보고 있었다고 해야 할까, 아니, 노려보고 있었습니다.

"난 지금 자야 합니다. 그러니까 조용히 좀 해주세요."

"잔다고요? 지금, 여기서요?"

"네."

"이런 데서 자면 감기 걸려요, 아저씨."

"9시에 자기로 정해져 있어서 그래요. 지금 9시가 됐으니 자 는 거고요."

역무원은 이제 눈을 감은 채 꿈쩍도 하지 않습니다.

"아무리 그래도 이런 데서 잘 것까지는 없잖아요!"

미사키는 여러모로 걱정이 되었습니다. 한뎃잠을 자는 것도 그렇지만 역무원은 닫히다 만 셔터 사이에 반쯤 걸쳐진 상태로 바닥에 누워 있었기 때문입니다.

"이렇게 갑자기 풀썩 쓰러져서 자는 게 무슨 의미가 있다고 그러세요?"

역무원은 자는 체하기로 단단히 마음먹은 모양인지 아무 대답이 없었습니다.

"말씀 좀 해보세요, 왜 꼭 이렇게 자야 하는지. 낮에도 아저씨 같은 사람을 만났단 말이에요. 별안간 팔굽혀펴기를 하는 남자 말이에요."

"그 녀석, 내 사촌이에요!"

갑자기 벌떡 상체를 일으킨 역무원은 뭔가 이야기해줄 것 같은 태도를 취했습니다. 그러나 그것도 잠시, 저도 모르게 일어나고 말았다는 사실을 깨닫고는 다시 누워 자는 체했습니다.

"노력하지 않는 거랑 여기서 갑자기 자는 거랑 뭔가 관계가 있는 거죠? 그렇죠?"

미사키가 끈질기게 물고 늘어졌습니다.

"맞아요. 당연히 관계가 있죠."

역무원이 어쩔 수 없다는 듯 대답했습니다. 사람이란 기본적으로 친절한 생물이니까요.

사람은 누구나 자기가 아는 걸 어떻게든 남에게 가르쳐주고 싶어 하는 습성이 있습니다.

인터넷의 모 커뮤니티에서 활동하는 사람에게 이런 이야기를 들은 적이 있습니다. 질문하고 싶어 하는 사람보다 대답하고 싶어 하는 사람이 더 많아 늘 질문이 부족하다고요.

앗, 또 이야기가 딴 데로 샜네요.

역무원은 정말 마지막이라는 듯 상체를 다시 일으키고는 한숨을 깊이 내쉰 후 이야기하기 시작했습니다.

"내가 꼭 밤 9시에 자려는 건 내일 아침 5시 반에 일어나야 하기 때문입니다. 많이들 그러잖아요? 일찍 일어나자고 매일 결심하지만 늘 실패하는 건 일찍 자지 않아서 그래요. 목표를 정했으면 시작점도 확실히 정해야 성공할 수 있어요.

공부도 마찬가지죠. 시험 치는 날까지 문제집을 다 풀어야겠다고 결심했으면 언제부터 문제집을 풀기 시작할지도 정해놔야 합니다. 안 그러면 차일피일 미루게 될 테니까요.

회사에서 하는 일도 마찬가지입니다. 화요일 오전 10시까지 서류를 제출하겠다고 약속해놓고도 기한을 넘겨버리는 사람은 '목요일 오후 3시에는 서류를 작성하기 시작해서 다음 주 화요일 오전 10시까지는 꼭 제출해야지' 하고 구체적으로 정해놔야 마감을 지킬 가능성이 커집니다.

많은 이들이 목표에만 신경 쓰고 시작점은 소홀히 하죠. 노력 만으로는 매일 아침 일찍 일어나기가 힘듭니다. 신체를 유지해 나가는 데 필요한 최소한의 수면 시간은 반드시 확보해야 정상 적인 생활이 가능하기 때문이죠. 특히 수면 시간은 무리하게 줄 여서는 안 되는 것 중 하나에요. 그러니 아침에 일찍 일어나고 싶 은 사람은 다음 날 아침 절로 눈이 떠지는 시간에 잠자리에 들면 되는 겁니다.

매일 아침 같은 시간에 일어나는 걸 습관화할 수 없는 사람은 그 어떤 것도 습관화할 수 없다고 난 생각해요. 열차 운행 시간표 와 같은 원리죠. 첫차가 늦어지면 모든 열차가 필연적으로 지연 될 수밖에 없잖아요? 시간은 앞으로만 흘러가는 법이니까. 동영 상처럼 몇 번이고 다시 보고 싶은 장면을 되돌려 보거나 게임처 럼 마음에 드는 스테이지를 몇 번이고 되풀이하는 건 현실 세계 에서는 불가능합니다.

뭔가를 노력하지 않고 한다는 건 자연스럽게 시간의 흐름을 탄다는 뜻이기도 해요. 그래서 아침에 일어나는 시간을 정해두 는 일은 하루가 순조롭게 흘러가게 하기 위한 중요한 요소예요. 이제 됐습니까?"

"어, 네. 고맙습니다."

이 이야기가 시작된 이후로 가장 긴 대사를 늘어놓은 역무원은 말을 마치자마자 풀썩 쓰러져 다시 눈을 감았습니다.

이윽고 고른 숨소리가 들려오는 걸 보니 이번엔 정말 잠이 들어버린 것 같네요.

그러나 미사키는 딱히 갈 곳이 없습니다.

달이 휘영청 밝은 밤, 친절한 사람이 눈앞에서 자고 있습니다.

미사키는 잠든 역무원 옆에 조용히 자리를 잡고 앉았습니다.

오늘은 그냥 여기서 이렇게 밤을 새우는 것도 나쁘지 않겠다는 생각이 드네요.

잘 자요.

미사키가 노력하지 않는 나라에서 배운
일곱 번째 교훈

목표를 정했다면 시작점도 확실히 정해야한다.
그러지 않으면 모든 일을 미루게 된다.
노력만으로는 원하는 것을 이룰 수 없기에
중요한 일일수록 습관화 시켜 놓는 것이 필요하다.

변화를 위해서는
최소한의 규칙이 필요하다

: 매주 화요일마다 청소하는 숙녀

드르륵~!

이게 무슨 소리일까요? 바로 셔터가 올라가는 소리입니다.

노력하지 않는 왕국에 아침이 밝았습니다.

미사키가 눈을 뜨니 역무원이 하루를 시작하는 준비로 바빴습니다.

"잘 주무셨나요? 어제 저랑 대화해주셔서 고마웠어요."

"어젯밤 당신과 얘기하느라 평소보다 늦게 잔 탓에 오늘 아침은 25초나 늦게 일어났지 뭡니까."

화난 것처럼 들리기도 하고 농담하는 것처럼 들리기도 하는 말투였습니다.

오늘은 날씨가 아주 화창해서 역에서 내려다보이는 노력하지 않는 왕국은 평화로운 나라 그 자체입니다. 새들이 저마다 지저귀는 소리도 들리고 말이지요.

신기하게도 지난밤의 불안이 해가 뜨면 사라지는 아침이슬처럼 자취를 감추었습니다. 그 대신 노력하지 않는 왕국을 좀 더 탐

험해 보고 싶은 마음이 몽글몽글 샘솟기 시작하네요!

"첫차는 6시에요."

역무원의 말에 미사키는 이렇게 대답했습니다.

"생각이 바뀌었어요. 노력하지 않는 왕국을 좀 더 탐험해보고 가려고요."

미사키는 시가지를 내려다보며 천천히 심호흡을 했습니다.

아침 특유의 서늘한 공기가 숨을 들이쉴 때마다 마음을 깨끗이 씻어주는 느낌입니다. 지금까지 지나치게 노력만 하느라 저도 모르는 사이에 쌓인 크고 작은 상념들을.

그래서 미사키는 몇 번이나 깊게 숨을 들이쉬었다가 내쉬기를 반복했습니다. 롱브레스 전도사 미키 선생님도 깜짝 놀랄 만큼 말이에요.

그런 미사키를 보던 역무원이 알려주었습니다.

"TV에서 봤는데 아침에 심호흡을 하면 횡격막이 움직이면서 기초대사 활동이 활발해진다고 하더군요."

어느 나라에서나 호흡법은 무난하게 꾸준히 할 수 있는 다이어트 방법인 듯합니다.

"시인 다니카와 순타로 씨도 건강지도사 가토 도시로 씨와 함께 『호흡법』이라는 책을 썼을 만큼 호흡의 중요성을 강조했죠."

미사키도 무슨 말이든 해야 할 것 같아서 이렇게 대답했습니다. 실제로 미사키는 마음을 안정시켜주는 이 책을 아주 좋아했습니다.

매일 열심히 노력하면서 사는 사람일수록 호흡을 의식하는 일은 중요합니다. 그러나 지금의 미사키에게는 노력하지 않고도 잘 살아가는 방법을 찾는 일이 더 중요했습니다.

"아저씨, 노력하지 않는 왕국에서 가볼 만한 곳 있으면 추천 좀 해주세요."

역무원은 잠시 생각에 잠기는가 싶더니 이내 뭔가 떠올린 듯 알려주었습니다.

"아, 맞다. 그러고 보니 오늘이 마침 국왕 면회일이군요."

"국왕 면회일이요?"

"한 달에 한 번, 국왕을 직접 만나볼 수 있는 날이죠."

역무원은 그렇게 말하고 시계를 보았습니다.

"어디 보자. 6시 반이니까 지금이라면 충분히 면회권을 받을 수 있을 겁니다. 저기서요."

역무원이 손가락으로 가리키는 방향으로 시선을 돌리니 저 멀리 시가지 외곽에 웅장하고 멋진 건물이 보였습니다.

"저기가 바로 왕궁이에요."

"우와, 성이 꽤 크네요! 노력하지 않는 왕국인데 성은 엄청나게 노력해서 짓다니 신기한데요?"

"한번 가보는 것도 좋은 경험이 될 겁니다."

"왕은 어떤 분인가요? 외국인도 만날 수 있나요?"

"면회권만 있으면 누구든 만날 수 있어요. 왕은 어떤 사람이냐 하면…… 그냥 뭐, 아저씨예요."

"고맙습니다."

미사키는 역무원과 헤어지고 성을 향해 걸어갔습니다.

상점가를 지나가는데 누가 "좋은 아침입니다" 하고 말을 걸어왔습니다. 돌아보니 거리를 청소하는 아주머니였습니다.

"안녕하세요."

면회권을 받아야겠다는 생각으로 머릿속이 가득한 미사키는 인사만 하고 얼른 지나가려고 했습니다. 하지만 급할 때는 꼭 누군가에게 붙들리고 마는 것이 인생의 오묘한 법칙이지요.

"어딜 그렇게 급히 가는 거예요?"

"왕성에 가는 참이에요."

"난 매주 화요일에 이 주변을 청소한답니다."

"네에. 화요일마다 여길 청소하시는군요."

"이 동네에서는 날 화요일의 숙녀라고 불러요. 더우나 추우나 비가 오나 눈이 오나 이곳을 청소하거든요."

"화요일의, 숙녀…… 라고 부르는군요."

미사키는 아주머니를 물끄러미 쳐다보았습니다.

"다들 나한테 물어보곤 해요. 화요일마다 청소하려면 힘들지 않냐고."

"저도 그런 생각이 들었어요. 여기는 노력하지 않는 왕국인데 말이에요."

"아유, 그런 게 아니에요."

아주머니는 웃음 띤 얼굴로 손사래를 치며 말했습니다.

"화요일의 숙녀는 말이죠, 화요일이라는 부분이 핵심이라고요! 요일을 정해놓으면 웬만한 일은 그냥 다 하게 되거든요. 음, 가장 좋은 예가 바로 쓰레기 분리배출이죠. 우리 동네는 월요일과 목요일에는 일반 쓰레기를, 금요일에는 재활용 쓰레기를 배출하죠."

"어, 우리 동네도 그런데."

"그래요? 그럼 말이 잘 통하겠군요. 잘 들어봐요. 매주 월요일과 목요일에 쓰레기 분리배출이 가능한 사람은, 화요일마다 동네 청소를 하자고 정해도 충분히 할 수 있어요. 학원이든 뭐든 화요일과 금요일에 가기로 정해놓으면 결국엔 가게 되는 것처럼."

"그러고 보니 그렇네요."

"그러니까 뭔가 꾸준히 하고 싶은 게 있으면 요일을 정해놓는 게 좋아요. 월요일 몇 시에는 영어 회화 공부를 하겠다고 정해놓으면 그게 당연한 일과가 되니까."

"정말 괜찮은 생각인데요?"

"그렇죠? 자, 그럼 얼른 가봐요. 면회권 다 떨어지면 안 되니."

"어, 네……."

바삐 가는 사람 붙잡아놓고 자기 할 말 끝나니까 이제 가보라고 하는 화요일의 숙녀, 상황을 쥐락펴락하는 모습이 역시 평범한 아주머니는 아닌 것 같습니다.

어쨌든, 요일을 정해놓으면 실천하게 된다는 것을 알았으니 적잖은 소득이 있었네요.

"고맙습니다."

미사키는 화요일의 숙녀에게 작별 인사를 하고 서둘러 발걸음을 옮겼습니다.

"면회권이 아직 남아 있어야 할 텐데."

미사키가 노력하지 않는 나라에서 배운
여덟 번째 교훈

무언가를 꾸준히 하고 싶다면 요일을 정해놓는다.
그렇게 하면 그 요일에는 그 일들이
당연히 해야 할 일과가 되고 노력하지 않아도
저절로 하게 된다.

행동을 기록하면
원하는 목표에
바짝 다가서게 된다

: 모든 걸 기록하여 남기는 논픽션 사랑남

미사키는 한참을 걸어서 왕성에 도착했습니다.

노력하지 않는 왕국의 라스보스 왕을 만날 수 있는 면회권을 받기 위해서 말이지요.

왕성은 장엄하고 훌륭했습니다. 유럽의 고성 같다기보다는 엠파이어 스테이트 빌딩처럼 현대적인 빌딩에 가까워 보였습니다.

'여기가 바로 노력하지 않는 왕국의 성이구나. 그런데 아무리 봐도 노력해서 지은 티가 나는걸.'

그런데.

"응?"

납작합니다. 다시 봐도 납작합니다.

앞에서 보면 웅장하고 멋진 건물이 옆에서 보면 무대 배경처럼 얄팍하기 그지없습니다.

마치 『왕괴짜 돈만이』의 캐릭터 정승주 같은 느낌이랄까요? 앞에서 보면 멋들어진 슈트 차림인데 뒤에서 보면 알몸인 정승주처럼 말이지요.

"역시 노력하지 않는 왕국의 성이야. 겉으로는 노력해서 지은 것처럼 보여도 실제로는 엄청난 탈력감을 주다니. 이 나라의 철학을 그대로 구현해놓은 건물이네."

미사키는 굉장한 작품을 본 듯이 흥분해 중얼거렸습니다.

납작하기는 해도 30층은 족히 넘는 고층 건물의 입구를 빠져나오니 동네 공원 정도 되는 규모의 중앙 정원이 나왔습니다. 건너편을 보니 시민회관처럼 보이는 2층 건물이 있네요.

"이게 성이라고?"

시민회관처럼 보이는 건물 입구에는 테이블이 하나 놓여 있고 그 앞에 젊은 여성이 혼자 앉아 있었습니다. 아무래도 저기서 면회권을 배부하는 모양입니다.

그런데 다른 사람은 보이지 않았습니다. 화요일의 숙녀와 이야기하는 동안 면회권이 다 나간 걸까요?

"아아, 한 달에 한 번 있는 면회일이라고 했는데."

그때 테이블에 앉아 있는 여성이 이쪽을 보며 뭐라고 외쳤습니다.

"혹시~ 국왕 폐하를~ 만나러 오셨나요~?"

"네~. 하지만~ 면회권 배부는~ 이미 끝난 것 아닌가요~?"

"일단~ 이쪽으로 좀~ 와주시겠어요~?"

미사키는 테이블 앞으로 다가갔습니다.

"어서 오세요."

가까이 보니 아주 매력적인 외모의 여성은 빙그레 웃으며 면회권을 건네주었습니다.

면회권을 보니 '1'이라는 숫자가 크게 쓰여 있었습니다.

"제가 1번인가요?"

면회권이 다 나가서 없을 거라고 체념했던 미사키는 깜짝 놀라 물었습니다.

"네, 맞습니다. 참, 잠시만요."

젊은 여성은 발밑에 놓인 종이 가방에서 뭔가를 주섬주섬 꺼냈습니다.

"국왕 폐하의 사인이랍니다."

"사인요?"

건네받은 것은 한 장의 색지, 사인이 들어간 색지입니다.

"오늘은 특별히 제일 처음 면회권을 가져가는 사람에게 하사하겠다고 폐하께서 직접 사인하신 거랍니다."

"국왕 폐하께서 직접요?"

색지 한가운데에는 '왕'이라는 글자가 크게 쓰여 있었습니다.

'설마 이게 사인이야?'

뒷면도 살펴봤지만 역시 그게 전부였습니다.

"10시에 다시 이곳으로 오시면 됩니다."

젊은 여성은 이렇게 말하고 테이블을 정리하기 시작했습니다.

"벌써 면회권 배부가 끝난 건가요?"

"네, 시간도 다 됐고요."

'헐, 아무리 그래도 명색이 한 나라의 왕인데 생각보다 인기가 없네.'

미사키는 떨떠름한 기분으로 일단 자리를 떴습니다.

그나저나 아침부터 아무것도 먹지 못했네요.

성 앞으로 난 길에 빨간색과 하얀색 깅엄체크 무늬로 된 간판이 눈에 띄었습니다. 빵집이었습니다. 미사키는 조금의 망설임도 없이 빵집으로 곧장 걸어갔습니다.

빵집에 들어가서는 다들 하는 것처럼 트레이와 집게를 들고 빵을 고르기 시작했습니다. 그런데 창밖으로 조금 전 국왕 면회권을 배부해주었던 여성이 지나가네요.

할 일도 끝냈으니 아침을 먹으러 가는 걸까요?

그때 어떤 남자가 그녀에게 다가가 말을 건넸습니다.

유리창 너머로 별생각 없이 그 모습을 보는데 별안간 그녀가 남자의 뺨을 올려붙이는 것이 아니겠어요?

"아, 진짜! 이제 그만 좀 하라니까요!"

그야말로 눈 깜짝할 사이에 벌어진 일이라서 미사키는 한동안 어안이 벙벙했습니다.

뭐, 놀라기는 했지만 미사키는 시선을 거두고 일단 빵을 마저 고르기로 했습니다. 귀찮은 일에는 끼어들지 않는 것이 상책이니까요.

미사키가 트레이에 담은 것은 갓 구워 따끈따끈한 소시지 빵. 고소한 빵 냄새는 모든 것을 아무래도 상관없다고 생각하게 하는 힘이 있는 듯합니다.

미사키는 정신을 가다듬고 계산을 끝낸 후 빵집을 나왔습니다.

그러자 이번에 눈에 들어온 광경은 전봇대에 노트를 대고 뭔가 열심히 적고 있는 한 남자!

다 큰 어른이 아침부터 길 한가운데에서 뭐 하는 짓인지 수상하기 짝이 없습니다.

미사키는 혹시라도 수상한 남자와 엮이게 될까 봐 천천히 뒤를 돌아 자리를 뜨려고 했습니다.

그런데 그때!

"거기, 잠깐만요, 나 좀 위로해주면 안 될까요?"

하고 남자가 말을 걸어오는 게 아닌가요?

본능적으로 엮이지 않는 게 좋다는 생각이 들었지만 사실 대놓고 거절하는 것도 쉬운 일은 아닙니다.

"네? 저 말인가요?"

미사키가 걸음을 멈추고 묻자 남자가 말했습니다.

"마침 '지나가던 젊은이가 어깨를 토닥이며 위로해주었다'라고 써야겠다는 생각이 떠올랐거든요."

"이렇게, 말인가요?"

미사키는 남자의 어깨를 토닥토닥 두드렸습니다.

"크흡."

그러자 남자가 울기 시작했습니다.

"흐흐흑, 흐허엉."

제법 격앙되어 웁니다.

"어, 그…… 죄송해요."

미사키는 저도 모르게 사과하고 말았습니다. 그러자 남자는 눈물 젖은 얼굴로 정색하며 말했습니다.

"아닙니다, 고마워요!"

"네?"

남자는 자기 이야기를 늘어놓기 시작했습니다.

"난 이 나라에서 알아주는 논픽션 소설가예요! 일명 논픽션 사랑남이라고 불리죠."

"논픽션 사랑남, 이라고요?"

"이런, 잘 모르는 모양이군요. 당신은 책을 잘 안 읽는 편이거나 아니면 우리나라 사람이 아니거나 둘 중 하나예요, 그렇죠?"

"맞아요. 전 어제 막 노오력하는 나라에서 왔거든요."

"역시 그랬군요. 난 실제로 일어난 일만 기록해서 소설을 쓰는, 제법 잘나가는 작가예요. 지금도 이렇게 소설을 쓰는 중이죠.

가즈미는 사랑남의 뺨을 때리며 이렇게 말했다.

—아, 진짜! 이제 그만 좀 하라니까요!

그를 두고 떠나가는 가즈미의 뒷모습을, 사랑남은 하염없이 눈물을 흘리며 바라볼 수밖에 없었다.

사랑남의 뺨에서는 뜨거운 열기가 가시지 않았다. 창피함에서 오는 것인지, 그저 분노에서 오는 감정인지, 아니면 얻어맞은 뺨의 피부밑으로 세차게 흐르는 혈류 탓인지 사랑남은 알 길이 없었다. 아니, 오히려 알려고 하지 않았다는 표현이 정확할지도 모르겠다.

얼마나 그렇게 망연자실한 채 있었을까. 토닥토닥, 어깨를 두드리는 감촉에 사랑남은 문득 정신이 들었다. 그를 위로해준 것은 우연히 그곳을 지나가던 젊은이였다. 사랑남은 울었다. 감정이 북받쳐서 하릴없이 울었다.

이런 식으로 쓰는 겁니다, 어때요?"

"······젊은이의 등장이 뭔가 뜬금없지만 전체적으로는 뭐, 나쁘지 않은 것 같아요. 그런데 이게 그, 뭐라고 했지요?"

"실제로 일어난 일만 쓰는 소설. 아까 말했잖아요."

"아니, 왜 이런 걸 쓰는 걸까 하는 생각이 들어서요."

"이건 목표를 달성하기 위해 쓰는 거예요. 한때 유행했던 리코딩 다이어트라고 들어본 적 있어요?"

"네, 알아요. 엄마가 예전에 했었거든요. 그날 먹은 걸 꾸준히 기록하기만 해도 살이 빠진다는 다이어트 방법 아닌가요?"

"맞아요. 목표에 다가서기 위해 하는 행동을 기록해서 가시화하는 거죠. 이왕 기록으로 남길 바에는 나쁜 기록보다는 좋은 기록을 남기고 싶어 하는 게 사람 마음이거든요."

"그거랑 지금 쓰는 소설이랑은 무슨 관련이 있는데요?"

"좋은 질문이에요. 난 기록하는 일을 통해 사랑을 성취하려고 시도하는 중이에요."

"리코딩 다이어트의 응용판, 리코딩 사랑 성취군요!"

"뭐, 그런 셈이죠."

"좋아한다는 사람이 그…… 왕성의 안내 데스크에서 일하는 분이죠?"

"네, 가즈미 씨라고 해요. 난 말이죠, 가즈미 씨와 결혼하면 평생 행복하게 살 수 있을 것 같아요. 그래서 내 행동을 기록해서 목표에 조금씩 다가서려고 하는 겁니다."

"하지만 번거롭지 않나요? 좀 더 좋은 방법이 있을 것 같기도

한데. 어쨌든 그래서 잘 돼가고 있나요?"

"지금까지는 아주 잘 되고 있어요."

논픽션 사랑남은 소설을 쓰던 노트를 꼭 쥔 채 가슴을 펴고 말했습니다.

'길 한가운데서 그렇게 요란하게 따귀까지 맞았으면서?'

미사키는 조금 의문이 들었습니다.

논픽션 사랑남은 소설을 쓰고 있던 노트를 보여주었습니다.

"한번 볼래요? 처음엔 이렇게 시작해요. '여차하면 지각할 것 같은 아침이었다. 사랑남은 빵을 입에 물고 달려가다가 맞은편에서 걸어오던 여자와 부딪히고 말았다.'"

"시작은 평범하네요. 근데 설마, 이 장면도 실제로 하고 쓴 건 아니겠죠?"

"가즈미 씨에게 날 알리고 싶었거든요. 저기 모퉁이에서 빵을 입에 물고 기다리고 있다가 가즈미 씨가 걸어오는 걸 보고 용기를 내서 달려갔죠."

"이쯤 되면 스토커 수준인데요?"

"소설가라니까요! 계속 읽을 테니 잘 들어봐요. 이 부분이 아주 괜찮아요.

'이튿날 아침에 있었던 일이다. 여느 때와 다름없이 출근길을 걷고 있는데 어제 만났던 여자가 스쳐 지나갔다. 이름도 모르는

132

그녀는 사랑남에게 눈인사를 하고 지나갔다. 그 순간, 찰랑거리는 검은 머리카락이 사랑의 멜로디를 연주했다.'

어때요?"

'웩, 완전 식상한데요' 하는 말이 목까지 차올랐지만 미사키는 꾹 참고 말했습니다.

"괜찮은 것 같네요. 검은 머리카락이 그, 사랑의 뭐라고 했죠? 멜로디?"

"맞아요, 검은 머리카락이 연주하는 사랑의 멜로디."

"그런데 왜 그렇게 번거로운 일을 하는 거죠? 가즈미 씨를 좋아한다면 그냥 고백하면 되잖아요?"

"무슨 말을 하는 거예요? 그게 가능했다면 소설 따위 이 세상에 존재하지도 않았을 겁니다. 사랑을 하면 말이죠, 아무래도 애를 쓰고 노력하게 되잖아요? 좋아하는 사람에게 잘 보이려고 필요 이상으로 외모를 꾸민다거나 좀 더 특별한 데이트 코스를 고민하게 마련이죠. 대부분 그럴 겁니다.

그런데 말이죠, 사랑이란 노력하면 할수록 더 잘 안 되는 법이거든요. 그래서 나도 모르게 노력하게 될까 봐 이렇게 내 행동을 기록해서……."

"아, 용기가 없어서 그랬군요. 용기를 내기 위해서 사랑남 씨는 시나리오를 쓰고 그 시나리오대로 움직이는 거예요, 내 말이 맞지요?"

사랑남은 입을 다물었습니다. 그러고는 노트를 펼쳐서 마저
소설을 써 내려갔습니다.

'젊은이는 말했다. 당신에게 부족한 것은 바로 용기예요.'

미사키가 노력하지 않는 나라에서 배운
아홉 번째 교훈

실천하기 어려운 일은 기록하여
노트에 남기는 습관을 가져보자.
그리고 그 기록을 토대로 내 행동을 분석하면
조금 더 원하는 목표에 다가설 수 있게 된다.

꿈을 이루기 위한 절대 법칙, 노력하지 마라

: 노력하지 않는 나라 사람들의 비밀

드디어 라스보스 왕을 만나다

9시 55분.

미사키는 아까 면회권을 받은 안내 데스크 앞에 섰습니다.

"10시에 다시 이곳으로 오시면 됩니다."

하고 가즈미 씨가 말했기 때문입니다.

가즈미 씨가 그 논픽션 사랑남의 짝사랑 상대라는 사실은 일단 제쳐두기로 하지요.

이른 아침과는 달리 성안은 오가는 사람도 늘어나서 활기찬 분위기였습니다.

"그래도 진짜 너무 납작하다."

성은 앞에서 보면 높고 멋진 건물이지만 옆에서 보면 정말 얄팍하기 그지없습니다. 피구를 잘하는 아이가 공을 세게 던지면 금방 무너질 것 같은 생각이 들 정도였습니다.

중앙 정원 안쪽에 있는 진짜 왕성은 미사키가 다니는 학교 건

물보다 더 아담해 보였습니다.

그때 갑자기 머리 위에서 화려한 연주가 울려 퍼졌습니다.

뭔가 싶어 올려다보니 가라쿠리 시계가 있네요!

여러분도 아마 테마파크나 쇼핑몰 같은 곳에서 본 적이 있을 겁니다.

건물 외벽에 시계가 붙어 있고 정시가 되면 시계 아래에 있는 문이 활짝 열리면서 인형이 나오는, 움직이는 시계 말입니다.

활짝 열린 문 안에서 인형 고적대가 나와 연주를 하면서 레일을 한 차례 돈 다음 다시 제자리로 돌아갑니다. 고적대 인형 뒤로는 마차와 하인처럼 보이는 인형들이 줄지어 따르지요.

"우와~ 옛날 생각난다. 이렇게 느긋하게 구경해보기는 진짜 오랜만이네."

미사키는 눈을 크게 뜨고 가라쿠리 시계를 쳐다보았습니다.

'이런 시계는 고적대 인형, 마차, 하인 순으로 세 번쯤 돈 다음 제자리로 돌아가면 문이 닫히고 10시를 알리는 종소리가 댕, 댕, 댕, 하고 울리는 패턴이지.'

그런 생각과 함께 세 번째의 고적대가 나오기를 기대하며 시계를 올려다보는데…….

"응?"

미사키의 눈이 휘둥그레졌습니다. 미사키는 눈을 계속 깜빡

거리며 방금 자신이 헛것을 본 것은 아닌지 의심했습니다.

"야호!"

세상에, 인형이 아닌 살아있는 사람이 가라쿠리 시계의 한가운데 자리한 작은 마차에 억지로 타고 있는 게 아닌가요? 게다가 천진난만한 어린아이도 아닌, 나이도 지긋한 아저씨가 말이지요.

"내가 지금 뭘 본 거야……."

"야호! 노력하지 않는 왕국에 온 걸 환영한다, 미사키!"

그 모습은 마치 다 큰 어른이 유모차에 억지로 몸을 욱여넣은 것처럼 보였습니다.

그런 아저씨가 미사키를 향해 손을 흔들고 있었습니다. 포마드를 듬뿍 발라 백발을 모두 뒤로 넘기고 수염도 새하얀 아저씨가 말이지요.

"아니, 대체……."

미사키는 왠지 창피해져서 차마 고개를 들 수가 없었습니다.

고개를 숙인 상태에서는 뒤쪽이 살짝 보이게 마련입니다.

왕성 앞 광장에 서서 경의를 표하는 국민들의 모습이 시야에 들어왔습니다.

"응?"

무슨 일인가 싶어 뒤를 돌아보니 모두 웃음 띤 얼굴로 눈을 빛내며 아저씨를 올려다보고 있었습니다.

"서, 설마……?"

다시 시계 쪽으로 고개를 돌리자 아저씨는 생글거리는 얼굴로 미사키를 향해 크게 손짓하며 말했습니다!

"미사키! 내 입으로 말하려니 좀 쑥스럽지만 내가 바로 노력하지 않는 왕국의 라스보스 왕이란다. 이쪽이야, 이리로 오렴."

'저 사람이 왕이라고?'

"자, 안으로 들어가시지요."

미사키가 당황하거나 말거나 시종 옷을 입은 두 사람이 다가와 길을 안내했습니다.

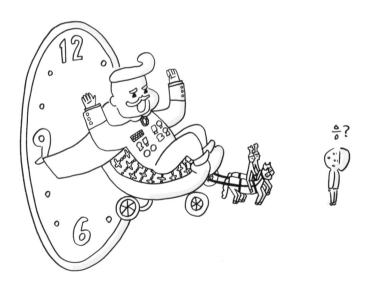

성문을 지나 안으로 들어서자 학교처럼 소박한 외관과는 차원이 다른 세상이 펼쳐졌습니다. 복도에는 커다랗고 훌륭한 그림들이 죽 걸려 있고 바닥의 레드 카펫은 푹신하기 이를 데 없었습니다.

"어…… 겉보기와는 달리 안은 굉장하네요."

미사키가 말하자 시종으로 보이는 사람들이 자랑스러운 표정으로 대답했습니다.

"네, 노력하지 않는 왕국은 작은 나라지만 세계적인 화가와 알아주는 장인이 많으니까요."

그리고 보니 미사키도 교과서에서 본 적이 있는 화가들의 그림 일색입니다.

두리번거리면서 앞으로 걸어가 사치스러운 난간의 나선형 계단을 올라가자 아주 커다란 문이 나타났습니다.

드디어 국왕과 만나게 되나 봅니다!

애쓰지 않고도 좋은 결과를 내는 법

똑똑.

시종처럼 보이는 사람이 문을 노크하자 진중함이라고는 찾아볼 수 없는 가벼운 목소리가 흘러나왔습니다.

"얼른 들어와용~."

이제 정말 국왕 폐하를 만나는군요.

미사키는 커다란 만큼 묵직한 문을 힘주어 밀고 안으로 들어갔습니다.

"안녕하세요. 미사키라고 합니다."

"오~ 미사키. 안 그래도 기다리고 있었단다. 한 오십 년은 기다린 것 같아."

"저, 죄송하지만 세 시간 전에 면회일을 알았고 면회권도 두 시간 전에 받았는데요?"

시종도 옆에서 말을 보탰습니다.

"폐하가 즉위하신 지도 사십 년밖에 되지 않았습니다."

"그래? 에이, 뭐 그런 자잘한 것까지 따지고 그러나. 우리 그냥 편안한 분위기로 가자고."

왕이 미사키의 어깨를 토닥이며 말했습니다. 그 모습은 조금 전 가라쿠리 시계의 인형 마차에 억지로 몸을 욱여넣고 있던 아저씨와 판박이었습니다.

가까이서 보니 왕은 한때 인기를 끌었던 살짝 날라리 스타일의 미중년이네요.

입고 있는 옷도 어린아이에게 왕을 그려보라고 하면 나올 법한, 동화책에 나오는 전형적인 임금님 옷이었습니다. 그러니까 왕은 빨간 정장에 주렁주렁 훈장을 달고 망토를 걸치고 있었습니다.

"그런데 넌 어디서 왔지?"

"노오력하는 나라에서 왔어요."

"역시. 내 그럴 줄 알았어."

"어떻게 아셨어요?"

"딱 보면 알지. 그런 게 있어~."

한 나라의 왕이라는 위치에 어울리지 않는, 위엄이라고는 찾아볼 수 없는 말투였습니다.

"그나저나 우리나라에는 어떻게 왔지? 멋있는 왕이 보고 싶어서?"

"아니요."

"너무 단호하게 아니라고 대답하는 것 같은데, 내 착각이겠지? 별로 상관은 없지만."

"죄송해요. 그런데 정말 국왕 폐하에 대해서는 모르고 왔어요. 저는 사실 공부를 하러 왔답니다."

"호오, 공부하러 온 거다?"

왕의 눈동자에서 반짝, 하고 예리한 빛이 스친 것 같다는 생각
이 들었습니다.

"공부라면, 어떤 공부?"

"인생 공부라고나 할까요? 제가 사는 노오력하는 나라에서는
모두 정말 열심히 노력하고 있어요. 아침에도 낮에도 밤에도 죽
어라 노력하며 살고 있지요.

그런데 좀 이상하더라고요. 아무리 열심히 노력해도 노력해
야 할 것들이 끝없이 생기니까 노력한 만큼 보상받지 못하는 거
예요. 일도 공부도 마찬가지예요. 다이어트도 저축도 영업도 다
들 열심히 노력하는데 뜻대로 되지 않아요.

그런데 어느 날 문득 이런 생각이 들더라고요. 어쩌면 노력하
는 방법 자체가 잘못된 건 아닐까 하는. 그렇다면 노력하지 않아
도 잘사는 나라로 유명한 노력하지 않는 왕국에서 그 해답을 찾
아보는 건 어떨까 하는 생각에."

"한마디로 넌 스파이구나."

왕이 그렇게 말하는 순간 철컥, 하는 소리가 났습니다. 무심코
돌아보자 두 시종이 미사키를 향해 총구를 겨누고 있는 게 아닌
가요?

미사키는 그 자리에 얼어붙고 말았습니다.

"아니, 제 말은, 그런 게 아니라."

"괜찮아, 상관없어. 스파이든 뭐든. 난 스파를 좋아하니까."

국왕이 이렇게 말하자 탕, 탕, 하고 건조한 총성이 울려 퍼졌습니다.

이제 끝인가?

하고 생각하는데 시종들의 손에 들린 총구에서 알록달록한 색종이 조각이 폭죽처럼 터져 나왔습니다.

말장난도 그렇고 퍼포먼스도 참 독특한 곳이네요. 미사키는 한바탕 식은땀을 흘렸습니다.

"미안, 미안. 그렇게 놀라게 할 작정은 아니었단다. 그저 살짝 놀란 얼굴이 보고 싶어서 말이야."

"그게 그거죠."

미사키는 괜히 왔다고 후회했습니다. 이런 상황이라면 아마 누구나 그런 생각을 하겠지요.

"그런데 미사키. 너도 열심히 노력은 하는데 뜻대로 안 되는 쪽이니?"

"네. 부모님이 공부하라고 닦달하면 나름대로 노력해서 책상에 앉기는 하지만, 뭐랄까, 도대체 뭘 위해 공부를 해야 하나 하는 생각이 들더라고요. 노력해서 열심히 공부해봤자 어른이 된

후에도 또 노력해서 열심히 일해야 하잖아요. 게다가 노력해서 공부한 부분이 시험에 꼭 나온다는 보장도 없고. 그러다 보니 이젠 뭘 해도 다 부질없다는 생각이 들어요."

"알지. 그 기분 나도 아주 잘~ 알지. 나도 고등학교 때 선생님께 물어본 적이 있어."

"뭘요?"

"왜 공부를 해야 합니까, 하고 말이야. 그렇잖아. 수학 공식 열심히 외워봤자 나중에 사회에 나가서 써먹을 일도 없잖아? 우리 부모님도 인수분해 쓰는 거 한 번도 본 적 없거든. 실생활에서 우리가 쓰는 건 기껏해야 덧셈과 뺄셈, 곱셈 정도지. 그것도 한 달에 한 번 쓸까 말까고."

"맞아요. 정말 그런 것 같아요."

"그렇지?"

왕과 미사키는 어느새 죽이 맞아 손을 잡고 붕붕 흔들며 신나게 이야기했습니다.

시종이 흠흠, 하고 헛기침을 하자 왕은 그제야 당황해서 손을 놓고 이야기를 이어나갔습니다.

"그랬더니 선생님이 그러시는 거야. 여자 선생님이셨으니까 여자 목소리로 말할게."

왕은 이야기를 시작했습니다. 정말 여자 목소리를 흉내 내서

148

말이지요.

"있잖아요, 폐하. 공부란 사금 캐기 같은 거랍니다. 사금을 캐려면 소쿠리를 들고 강물에 들어가서 몇 번이고 계속해서 모래를 퍼 올려야 하죠. 하지만 그때마다 모래는 소쿠리 망으로 다 빠져나가 버려요. 그러면 왠지 허무하다는 생각이 들기도 할 거예요."

여기서 왕은 돌연 원래 목소리로 돌아왔습니다.

"난 거기서 귀엽게 고개를 끄덕이며 맞장구를 쳤지. 그러자 선생님은 그런 내게 반해서 황홀한 표정을 지었단다."

설마 그럴 리가요!

반박하고 싶어 입이 근질근질했지만 미사키는 얌전히 듣고 있기로 했습니다.

왕은 다시 여자 목소리로 돌아가 이야기를 이어나갔습니다.

"모래는 소쿠리 망으로 다 빠져나가 버려요. 그러면 왠지 허무하다는 생각이 들기도 할 거예요. 하지만 가끔 소쿠리에 아주 작은 금 조각이 걸릴 때가 있어요. 그게 바로 사금이랍니다. 아시겠어요, 폐하? 공부란 모래가 소쿠리 망으로 빠져나가듯 얼핏 부질없는 것처럼 보여요. 하지만 가끔은 사금처럼 마음에 남는 지혜가 있고 그 지혜가 바로 폐하의 인생을 풍요롭게 해줄 보물이랍니다."

왕은 참 좋은 이야기 아니냐며 동의를 구하는 것처럼 미사키를 향해 웃음을 지어 보였습니다. 그러고는 다시 원래 목소리로 돌아갔습니다.

"알겠니? 공부를 하는 이유는 바로 인생의 보물을 만나기 위해서야."

바로 이거야! 하는 얼굴로 왕은 미사키의 대답을 기다렸습니다.

이럴 때는 뭐라고 칭찬을 해주거나 고맙다고 말해주어야 하는 것이 예의지만 미사키는 비교적 솔직한 성격입니다.

"뒤집어 말하면 우리가 하는 공부는 대부분이 쓸데없다는 거네요?"

"그렇게 되는 건가? 하긴 계속 공부해왔지만 나도 아직 인생의 보물은 만나지 못했으니까."

왕은 장난기 가득한 얼굴로 웃으며 말했습니다.

"그리고 말이야, 〈배우기 전과 후〉라는 프로에서 저널리스트 이케가미 씨가 인수분해에 관해 이런 이야기를 한 적이 있어. 참, 노오력하는 나라에서도 이 프로가 나오는지 모르겠구나."

"네, 나와요. 노오력하는 나라에서 유익한 정보를 소개하는 프로는 아주 인기가 많으니까요. 하지만 이케가미 씨가 나오는 건 못 봤어요. 그런데 인수분해는 실생활에서 가장 쓸모없는 지식 아닌가요?"

"그런데 그게 아니라는군. 인수분해는 계산을 위해 있는 게 아니라 무언가를 알기 쉽게 설명하기 위해 필요한 거라고 하더라고. 인수분해는 공통인수를 찾아내는 거잖아? 다른 사람에게 무언가를 설명할 때도 공통된 부분을 찾아내 묶어서 이야기하면 더 이해하기 쉽다는 거야. 그게 바로 어른이 돼서 사회생활을 할 때도 인수분해가 필요한 이유라는 거지. 예를 들면 이런 거야."

미사키는 머릿속이 복잡해지기 시작했습니다.

"유명 개그맨 후지모리 신고와 마쓰모토 히토시, 미쓰우라 아야코, 다카마쓰 나나와 시라토리 구미코에 대해 이야기해야 한다고 가정해보자고. 이 다섯 명의 이름을 들었을 때 맨 처음 뭐가 떠올라?"

"글쎄요, 모두 연예인이라는 것밖에는 잘 모르겠는데요."

"그렇지? 근데 이걸 인수분해에 적용하면 어떻게 될까? 공통인수를 묶는 거니까 안경(후지모리+미쓰우라+다카마쓰+시라토리)+마쓰모토."

"어, 정말 그렇네요."

안경 쓴 사람이라는 공통점으로 묶으면 뭔가 이야기할 만한 게 있을지도 모른다는 사실을 미사키는 깨달았습니다.

안경 쓴 개그맨과 그렇지 않은 개그맨의 개그 스타일이 어떻게 다른가라든지.

왕은 의기양양한 얼굴로 이어 말했습니다.

"참고로 기타노 다케시는 영화를 찍을 때 인수분해를 이용하는 모양이야. 그냥 살인(첫 번째 피해자+두 번째 피해자+세 번째 피해자)으로 가면 단조로우니까, 살인하는 과정을 적나라하게 보여주기(첫 번째 피해자)+살인하고 난 결과인 시체만 보여주기(두 번째 피해자, 세 번째 피해자), 이런 식으로 인수분해를 이용해서 영화를 찍는다고 해. 뭐, 어느 쪽이든 사람을 많이 죽인다는 사실은 변함없지만."

미사키는 알 것 같으면서도 또 잘 모르겠다는 생각이 들었습니다. 그러나 공부해두면 언젠가는 써먹을 수 있다는 것만은 이해했습니다.

"공부도 노력하면 안 돼. 의미도 모른 채 노력만 하려고 드니까 힘든 거야. 공부가 중요하다는 사실을 깨닫기만 하면 그다음부터는 굳이 노력하지 않아도 절로 하게 되는 법이거든.

그러니까 뭐든지 납득한 후에 하는 편이 좋아. 그런 의미에서 노력하는 건 정말 가장 안 좋은 거야. 헛수고가 따로 없지. 결과가 안 나오거든. 다들 마음 한구석에서는 알고 있으면서 노력하면 된다교(敎)에 빠진 맹신도처럼 노력이야말로 최선이라고 믿는 탓에 고통받고 있는 거야. 난 그런 쓸데없는 고통에서 우리 국민을 자유롭게 해주고 싶은 거란다."

잘하는 일만 하며 즐겁게 사는 힘

"그렇다고 노력하는 걸 금지할 필요까지 있나요?"

왕이 노력에 대해 너무 부정적인 것 같아 미사키가 물었습니다.

"안 그래도 그 질문이 나올 줄 알았어."

왕은 창밖으로 멀리 시선을 주며 말했습니다.

그때 시종들이 두루마리를 들고 와서 촤르륵 펼치더니 벽에 붙이기 시작했습니다. 생각보다 꽤 아날로그적이네요.

두루마리의 정체는 노력하지 않는 왕국의 역사가 빼곡히 적힌 고풍스러운 연표였습니다.

"간단히 요점만 이야기하지."

왕이 드디어 진지한 얼굴로 운을 뗐습니다.

"일찍이 노력하지 않는 왕국과 노오력하는 나라는 경쟁 관계였어."

그렇게 말한 후 왕은 점잔을 빼며 수염을 쓰다듬었습니다. 그런데 그러고 나서 좀처럼 입을 열 생각을 하지 않았습니다. 30초, 1분, 1분 30초…….

'간단히 요점만 이야기한다더니, 설마 이게 다야?'

그게 아니면 두 나라 사이에 차마 이야기하기 힘든 일이라도 있었던 걸까요? 비극적인 사건이라든지.

미사키는 잠자코 기다렸습니다. 왕은 여전히 수염을 쓰다듬으며 아련한 눈빛을 하고 있었습니다.

시종 중 한 사람이 보다 못해 왕에게 다가가더니 뭐라고 귓속말을 했습니다.

"아, 참 그랬지."

왕은 그제야 이야기를 이어나갔습니다.

"1948년, 누가 왕이 되느냐 하는 후계 다툼이 일어나 두 나라로 분열되고 말았는데 그게 바로 노오력하는 나라와 노력하지 않는 나라야."

시종 중 누군가가 중얼거리는 소리가 들렸습니다.

"매번 건국 연도를 까먹으신다니까."

무슨 의미가 있었던 게 아니라 그저 기억이 안 나서였을 줄이야.

"아무튼 그래서 간추려서 이야기하자면, 두 나라로 나뉜 후부터 서로 지기 싫어서 경제든 문화든 더 앞서가기 위해 경쟁에 열을 올리기 시작했어. 두 나라는 서로에게 질세라 노력하고 또 노력했지. 그러던 중에 그야말로 옥동자같이 사랑스러운 왕자가 태어난 거야. 바로, 나였어."

옥동자라는 표현이 나오는 순간 그런 전개가 되리라고 생각은 했지만 정말 그렇게 말하다니 역시 라스보스 왕입니다.

"그런데 내가 아홉 살이 되던 해 우리 아버지와 어머니, 즉 국왕과 왕비는 비행기 사고로 그만……."

위엄이라고는 없이 가벼워 보이는 왕에게도 그런 슬픈 과거
가 있었다니요.

"…… 불시착한 남쪽 섬나라가 마음에 든 부모님은 결국 그곳
에 터를 잡았고 시간이 흐른 뒤에는 그 섬나라의 왕이 되어 있더
군. 편지가 한 통 도착했는데 이렇게 쓰여 있었어. '그쪽은 잘 부
탁하마! 너라면 잘 해내리라 믿는다! 부디 잘 있거라!'"

부모님은 살아있었습니다.

다행이긴 하지만 라스보스 왕 입장에서 생각해보면 꽤 슬픈
과거였습니다. 결국 열 살도 되기 전에 부모와 헤어지고 어린 나
이에 왕위에 올랐으니까요.

왕은 경쟁 관계에 있는 노오력하는 나라를 이기기 위해 노력
하고 또 노력했다고 합니다. 당시에는 나라 이름도 노력하는 왕
국이었다고 하네요.

"그런데 국민들에게 모범을 보이기 위해 열심히 하면 할수록
일은 늘어나기만 하더라고. 열 살밖에 안 된 왕이라고 무시당할
까 봐 난 무슨 일이든 혼자서 노력했어.

연설 원고도 전부 나 혼자 노력해서 썼고, 밥도 나 혼자 열심
히 차려 먹었어. 흠이라도 잡힐까 봐 영양 밸런스까지 고려해서
말이지. 정원의 나무도 노력해서 직접 관리했고 나라에 철도를

놓을 때는 세계 여러 나라의 철도 사업을 열심히 연구해서 내 나름대로 의견도 제시했어.

하지만 노력하면 할수록 일이 잘 안 풀리는 거야. 내가 노력해서 관리한 나무는 시들어버리고, 국민들은 꽃도 제대로 못 키우는 무능한 왕이라고 날 비난했지."

"하지만, 정원관리 같은 건 굳이 왕이 직접 하지 않아도 되는 일 아닌가요?"

"네 말이 맞아. 난 안 해도 되는 일까지 혼자 해낸 다음 '어때? 굉장하지?' 하고 내 노력을 국민들이 알아주길 바랐던 거야. 하지만 안 해도 되는 일까지 노력해서 했는데 오히려 비판만 받으니까 속상하더라고. 그러는 동안 모든 일에 의욕을 잃어버리고 말았지."

"많이 힘드셨겠어요. 그거 딱 우울증 초기 증세인데."

"그러다가 한계에 다다랐고 나는 그제야 노력하기를 그만두었어. 이젠 나도 모르겠다는 생각으로 끌어안고 있던 일들에서 조금씩 손을 떼기 시작했지. 내가 열심히 하지 않아도 문제가 발생하는 일이 없도록 국민에게 일을 떠넘겨야겠다고 생각한 거야. 나쁜 왕이라고 비난할지도 모르지만 궁지에 내몰린 애송이 왕으로서는 그게 최선이었어."

"이해해요."

"그런데!"

국왕은 지휘봉을 손에 들더니 연표 중 한 지점을 탕탕 치면서 희열에 찬 목소리로 말했습니다.

"오히려 이게 터~닝 포인트로 작용해서 이때부터 노력하지 않는 왕국의 국운이 살아나기 시작했지."

그때 문이 양쪽으로 활짝 열리더니 무희들이 대거 입장했습니다.

음악에 맞춰 무희들도 왕도 다 함께 춤을 추기 시작했습니다.

알록달록한 풍선들이 두둥실 떠 오르고 작은 새들이 일제히 머리 위로 날아올랐습니다. 코러스 합창단도 등장해 목청껏 노래를 불렀습니다.

♪노력하지 않겠다고 결심할 때 오히려 일이 더 잘 풀리죠. 춤을 춥시다, 꿈속으로 떠나요. 춤을 춥시다, 꿈속으로 떠나요. 우후후~ 우후후~ 우후후~ 하아~ ♪

으음, 왠지 1970년대 일본 포크계를 주름잡았던 싱어송라이터 요스이의 노래를 따라 한 것 같은 느낌적인 느낌이 드네요.

"난 열심히 노력하기 싫어서 연설 원고를 시종에게 맡겨버렸어. 그랬더니 어떻게 된 줄 알아? 시종은 원고를 잘 작성했고 덕분에 난 훌륭한 연설을 선보여서 국민들에게 갈채를 받았어. 갈채를 받아본 건 그때가 처음이었지. 역시 '병은 의사에게, 약은 약사에게'라는 말이 맞았던 거야.

난 열심히 노력하기 싫어서 정원관리도 정원사에게 맡겨버렸어. 그랬더니 어떻게 된 줄 알아? 나무들은 건강하게 쑥쑥 자라서 아름다운 꽃을 앞다투어 피워댔어. 꽃을 구경하고 싶다며 사람들이 성으로 모여들었고 나도 그 광경에 기분이 좋았지. 정원은 정원사에게 맡기면 되는 거였어.

철도 사업 역시 내가 의견을 안 내니 오히려 착착 진행되기 시작했어. 철도 사업은 철도 전문가에게 맡기면 되는 거였어.

그러는 동안 난 깨달았지. 사람은 자기가 잘하는 걸 하며 살아가면 되는 거라고."

노력하지 않는 나라가 지향하는 것

"그렇다면 노력하지 않는 왕국이 지향하는 가치는 뭐죠?"

왕은 숨을 깊게 들이마시더니 큰 목소리로 말했습니다.

"자유! 평등! 박!…… 수는 안 쳐도 돼."

"네?"

아무리 생각해도 프랑스 국기의 세 가지 색상이 상징하는 자유, 평등, 박애를 베낀 것 같았지만, 왕은 아랑곳하지 않고 젠체하며 이야기를 이어나갔습니다.

"다들 자신의 특기를 좀 더 중요하게 여겨야 행복하게 살 수 있어. 노래를 잘하는 사람이 있는가 하면 달리기를 잘하는 사람도 있어. 그림을 잘 그리는 사람이 있는가 하면 계산이 빠른 사람도 있지. 저마다 타고난 특기를 서로 교환하며 살아간다면 굳이 무리하게 노력하면서 살 필요가 없어."

듣고 보니 일리가 있었습니다. 미사키는 가족을 생각했습니다.

"엄마는 그림에 재능이 있어서 미대까지 나왔지만 지금은 동네 마트에서 카운터 일을 보고 있어요. 하지만 늘 계산 착오로 지적당하는 게 일상이 되어버렸죠. 퇴근 후에도 일을 가져와서 밤늦게까지 장부를 맞추느라 정신없어요. 하지만 솔직히 그런 일은 계산을 잘하는 사람이 맡으면 쉽게 해결될 문제잖아요?

엄마의 특기를 생각하면 홍보 전단이나 POP 같은 걸 맡는 편이 마트 입장에서도 매출 증대에 훨씬 유리할 텐데 말이에요. POP라면 눈 감고도 쓱쓱 그릴 수 있을 테고 일단 즐겁게 일할 수 있잖아요?"

다시 생각해봐도 괜찮은 아이디어입니다!

글쓰기가 특기인 사람은 글을 잘 못 쓰는 사람이 3일을 걸려야 겨우 끝낼 원고를 30분이면 쓸 수 있을 것입니다.

계산이 특기인 사람은 계산을 잘 못 하는 사람이 평생 고민해도 못 풀 수학 문제를 대수롭지 않게 술술 풀 수 있겠지요.

그런 뛰어난 계산 능력을 잘 살린다면 우주에 로켓을 쏘아 올리는 일도 가능할지 모릅니다.

그러나 그 반대라면 어떨까요? 우주에 로켓을 쏘아 올릴 수 있을 만큼 계산 능력이 뛰어난 사람이 공교롭게도 글 쓰는 일을 맡게 된다면?

애물단지 취급받다가 수습 기간이 채 끝나기도 전에 잘릴지도 모릅니다.

이번에는 글쓰기를 잘하는 사람이 회계 부서로 배정된다면?

계속되는 실수에 허구한 날 그만두라는 소리를 들으며 이리 깨지고 저리 깨지는 날들이 이어질지도 모릅니다.

왕은 말했습니다.

"인간의 뇌는 뭔가 잘 맞지 않는다 싶으면 어떻게든 맞추려고 하는 습성이 있지. 그래서 다들 능력에 맞지 않는 일을 맡아도 나름대로 열심히 노력하고 말아. 돈을 벌기 위해서, 사람들에게 호감을 얻기 위해서, 능력 밖의 일이라도 열심히 노력하는 거야.

하지만 말이야, 원래 못 하는 일은 아무리 노력해봤자 겨우 남들 하는 수준, 딱 거기까지야. 이건 정말 그래! 애초에 제 능력 밖의 일은 아무리 노력해도 남들 하는 수준까지가 최선이야.

뼈 빠지게 노력해도 남들 하는 수준밖에 안 되는 일을 하고 보수를 받으며 사는 인생과 굳이 노력하지 않아도 자기 특기를 살려서 '고맙다'는 소리 들으며 보수를 받는 인생, 미사키라면 어떤 인생을 살고 싶어?"

"그야 내 특기를 살려서 고맙다는 소리 듣는 인생이 훨씬 보람도 있고 스트레스도 없겠지요."

"그래, 맞아. 하지만 자신의 특기를 살려서 일하는 사람이 과연 얼마나 될까? 다들 타고난 능력을 사회에 나가 제대로 써먹고 있을까? 난 그저 사람들이 자기가 잘하는 일을 하며 살아가면 좋겠어."

"하지만."

미사키는 왕의 이야기를 들으면 들을수록 불안해졌습니다.

"하지만 특기가 없는 사람도 있잖아요. 그런 사람은 어떻게 해요? 평범한, 진짜 평범한 사람은 뭘 해서 살아가면 되는 거죠? 계산도 보통이고, 노래도 보통, 달리기도 보통, 뭘 해도 그저 보통 수준인 사람도 있잖아요. 예를 들면……."

미사키는 조심스럽게 손으로 자기 자신을 가리켰습니다.

왕은 그런 미사키에게 조용히 다가가 꼭 안아주었습니다.

"이 세상에 단 하나밖에 없는 미사키. 넌 고향을 뛰쳐나와 혼자 여기까지 왔어. 그런 용기를 가진 사람이 과연 얼마나 될까? 너에게는 현상을 감지하는 안테나가 있어. 뭔가 알아봐야겠다는 생각이 들면 문을 박차고 나가는 행동력도 있지."

"현상을 감지하는 안테나……."

"그래."

"이렇게 매일같이 불만을 품고 부정적으로 생각하는 것도 특기라고 생각해도 될까요? 장점이라고 생각해도 될까요?"

"당연하지! 사실 평범하기만 한 사람은 이 세상에 없어. 누구나 남들보다 잘하는 게 반드시 있어. 음식을 잘하는 사람, 시력이 뛰어난 사람, 말을 잘하는 사람, 몇 시간이고 한 자리에 가만히 앉아 있을 수 있는 사람 등등. 그런 특기를 살려야 행복하게 살 수 있어. 남들보다 조금 잘하는 일에 사람들은 고맙게 여기거나 돈을 내는 법이니까."

"그렇군요."

미사키는 저 깊은 곳에서부터 안도감이 밀려오는 걸 느꼈습니다. 아주 오래전에 아빠가 꼭 안아주었을 때처럼.

왕은 미사키의 어깨를 양손으로 단단히 잡고 눈을 똑바로 바라보며 말했습니다.

"미사키, 자기가 잘하는 일은 자기한테는 당연하기 때문에 좀처럼 알아차리기 어렵단다. 그러니 친구가 잘하는 일을 찾아내서 '대단해!' 하고 말해주렴. 그러면 그 친구도 미사키가 잘하는 일을 찾아내 '대단해!'라고 말해줄 거야.

모든 사람이 상대방이 잘하는 걸 인정해줄 때 비로소 노력하지 않아도 서로 도우며 살아갈 수 있는 날이 온다고 믿어. 그 어떤 슈퍼 히어로도 약점이 있게 마련이야. 나의 특기가 너의 약점을, 너의 특기가 나의 약점을 보완해줄 때 한 사람 한 사람의 개성이 곧 그 나라의 국력으로 이어지는 법이지."

미사키는 왕의 말을 곱씹었습니다.

타고난 능력을 살리는 일, 그것은 부질없는 노력에서 벗어나 자유롭게 살아가는 일.

자유!

특기와 특기를 서로 교환하는 것, 그것은 모두가 서로의 가치를 인정하고 평등하게 살아가는 것.

평등!

"웅? 잠깐만요, 자유와 평등은 이해했는데 그럼 그 세 번째의, 뭐라고 했더라? 아까 분명히 박수는 안 쳐도 된다고 하셨던 것 같은데."

왕은 머리를 벅벅 긁으면서 말했습니다.

"그런 건 그냥 좀 넘어가면 안 될까?"

시종들이 허둥지둥 연표를 떼어내 정리했습니다.

박수는 안 쳐도 된다는 말 역시 별다른 의미는 없었는지, 면회 시간은 이제 끝인가 봅니다.

미사키가 노력하지 않는 나라에서 배운
마지막 교훈

먼저 나 자신의 특기를 발견하고

그다음 다른 사람의 특기를 인정해줄 때

서로의 약점을 보완하며

행복한 삶을 살 수 있게 된다.

미사키,
노오력하는 나라로 돌아가다

"고맙습니다. 안녕히 계세요."

왕에게 작별 인사를 한 후 미사키는 노력하지 않는 왕국을 나왔습니다. 역무원에게도 "다음에 또 올게요"라고 인사 하고 열차에 올랐습니다.

열차는 한참을 달린 후 이윽고 노오력하는 나라 역 플랫폼에 미끄러지듯 들어갔습니다.

문이 열리자마자 꾸역꾸역 밀려들어 오는, 수많은 노력하는 사람들.

"드디어 돌아왔구나."

퀭한 눈을 한 사람들이, 휴대전화에 시선을 못 박은 사람들이, 미사키는 안타까웠습니다.

잘 못 하는 일에 필사적으로 매달리는 사람.

노력하면 할수록 되레 일이 늘어나서 막막하기만 한 사람.

다들 나름대로 어떻게든 사회에 보탬이 되고자 발버둥 치고 있습니다.

미사키는 그런 모습들이 왠지 아름답다는 생각이 들었습니다. 그리고 이 나라의 미래가 아주 밝다고 느꼈습니다.

"어쩌면, 아직 희망이 있을지도 모르겠어!"

한 사람 한 사람의 능력을 살릴 수 있는 미래가 기다리고 있을지도 모릅니다.

그런 생각을 하며 참새 한 마리 안 보이는 하늘을 올려다보는 미사키였습니다.

집에 도착하자마자 미사키는 꾸지람을 들었습니다.

노오력하는 나라 철도의 승하차 이력 조회로 이미 노력하지 않는 왕국으로 떠난 사실이 발각되었던 모양입니다.

미사키는 엄마에게 된통 혼이 났습니다. 그래도 아빠는 이렇게 말해주었습니다.

"제 딴엔 노력해서 사회 공부를 하고 온 셈이니 그쯤 해둬."

그러나 엄마는 여전히 저기압이었습니다.

"지금은 사회 공부를 할 때가 아니라 사회 과목을 공부할 때라는 거야, 내 말은.”

노력해라, 열심히 해라, 노력하면 된다…… 가족들은 예나 지금이나 노력교 신자니까요.

“그런데 어땠니? 그, 노력하지 않는 왕국은.”

아빠는 흥미진진하다는 표정으로 물었습니다.

엄마도 궁금하다는 듯 미사키 쪽으로 의자를 끌어왔습니다.

“자, 일단 키워드부터 말할게요.”

미사키가 종이에 펜으로 크게 ‘탈(脫) 노력’이라고 썼을 때였습니다.

팔꿈치에 닿은 물컵이 쓰러지면서 종이 한가운데가 흠뻑 젖어버렸습니다. 그 바람에 ‘노’라는 글자가 번져서 알아볼 수 없

게 되고 말았습니다.

엄마가 행주를 가지러 가면서 말했습니다.

"응? 이렇게 되면 탈력인데?"

미사키는 저도 모르게 품, 하고 웃었습니다. 라스보스 왕부터 시작해 미인을 보면 팔굽혀펴기하는 남자, 논픽션 사랑남 등 탈력형 캐릭터들의 얼굴이 연달아 떠올랐기 때문입니다.

자, 이제부터 미사키의 노력하지 않는 나라 견문록이 시작됩니다. 지금보다 훨씬 살기 편한 삶으로 인도해줄, 끝나지 않는 이야기의 서막입니다.

흥분과 기대를 안고
이야기 밖으로

    미쓰루 교수가 이야기를 마치자 미사키의 기상천외한 모험담에 푹 빠져 있던 제자들은 벌써 끝이냐는 듯 다들 아쉬운 표정을 지었다.

    아리사는 마치 자신이 노력하지 않는 왕국을 다녀온 듯한 기분에 빠져 있었다.

    마사토는 집중해서 듣기는 했어도 여전히 자신은 노력하지 않는 나라 사람들처럼 살기는 불가능하지 않을까 생각했다.

    히카루는 의욕에 넘쳐 말했다.

    "교수님, 정말 감사합니다! 아주 흥미로운 이야기였어요. 노력하지 않는 왕국의 유쾌한 사람들 이야기를 듣고 있으려니 저도 꼭 실천해야겠다는 생각이 드네요.

    근데 교수님은 이 이야기를 듣고 난 선배들이 연이어 성과를 내기 시작했다고 말씀하셨는데, 다음에 그 얘기도 들어볼 수 있을까요?"

    미쓰루 교수는 빙그레 웃으며 고개를 끄덕였다.

"물론 얼마든지. 그러고 보니 오늘은 벌써 시간이 이렇게 됐구나. 다들 시간이 될 때 또 만나서 얘기하도록 하자. 오랜만에 봐서 반가웠어. 자, 그럼 조만간 또 보자꾸나!"

모두 웃는 얼굴로 다음을 기약하면서 그날은 그렇게 헤어졌다.

노력하지 않는 나라에서 배운
놀라운 비밀 복습하기

그로부터 일주일 후.

다들 바쁜 와중에도 뒷이야기를 듣고 싶은 마음에 하라주쿠의 레스토랑에 모였다. 모두 저마다 품어온 오랜 목표를 달성하고 싶다는 열망이 가득한 표정이었다. 마사토는 다이어트, 히카루는 영어, 아리사는 저축.

다들 자리에 앉자 미쓰루 교수는 말했다. 이야기를 깊이 파고들기 전에 염두에 두어야 할 점은, 우리가 평소 당연하다고 믿어왔던 일들이 반드시 옳은 것은 아니라는 사실이야.

노오력하는 나라 사람들은 노력하지 않는 왕국의 상식을 도저히 이해할 수 없다고 생각할 테지. 하지만 노력하지 않는 왕국 사람들 입장에서 보면 그게 당연한 상식이야.

내가 말하고 싶은 건, 진심으로 변화를 원한다면 노력하지 않아도 성과를 내는 사람들의 이야기를 말도 안 된다고 생각하지 말고 진지하게 귀 기울여 듣는 자세가 필요하다는 거야.

STEP 1 ⌐ **사람의 의지력은 한계가 있다**

주인공 미사키는 노오력하는 나라를 뛰쳐나와 노력하지 않는 왕국을 모험했어. 거기서 제일 처음 만난 사람이 항상 까만 스웨터와 청바지를 입는 남자였지. 노오력하는 나라에서 자란 미사키나 우리가 봤을 때는 그저 괴짜에 지나지 않을지 몰라도 이 사람은 꿈을 이루는 데 필요한 아주 중요한 사실을 가르쳐주었어.

바로 의지력은 한계가 있다는 사실이야.

우리는 의욕만 있다면 얼마든지 의지력은 발휘할 수 있다고 생각해. 비록 이번에는 실패했다손 치더라도 의욕적으로 하면 언젠가는 꼭 잘 될 거라고 생각하는 거야. 하지만 결국 대부분은 꿈을 이루지 못한 채 살아가고 있지.

의지력은 무한정 샘솟는 게 아니라 사용하면 할수록 줄어드는 가솔린과 같다는 사실을 미국의 한 심리학자가 증명해냈어. 게임을 좋아하는 사람에게는 초자연적인 힘인 마나mana 로 설명하는 편이 더 알아듣기 쉽겠군.

마법을 사용하면 마나가 줄어들잖아? 간단한 마법은 조금밖에 줄어들지 않지만 어려운 마법을 쓰면 마나는 순식간에 줄어들지. 마나와 의지력은 여러모로 많이 닮아 있어. 의지력도 간단한 일을 할 때는 조금 줄어드는 데서 그치지만 어려운 일을 하게 되면 확 줄어들고 마니까.

모두 이런 비슷한 경험을 해본 적이 있을 텐데, 어때? 매일 아침 어떤 옷을 입고 갈지 생각하는 것만으로도 피곤해진다든지 해야 할 숙제나 일이 너무 많아서 어디서부터 손을 대야 할지 고민하는 사이에 벌써 지쳐버린다든지 등등.

우리는 하기 시작한 일을 계속하느냐 못 하느냐를 의지가 강하냐 약하냐에 달려 있다고 믿고 있어. 몇 번을 실패해도 실망의 여운이 가시고 나면 금세 또 자신의 의지를 믿고 열심히 노력하지. 그러나 운전할 때 엑셀을 세게 밟으면 가솔린을 소모하듯 열심히 노력할수록 의지는 금방 바닥나버려.

그래서 의지력이 필요 없는 시스템을 만들어야 한다는 거야. 예를 들면 매번 사소한 판단을 내리지 않아도 되게끔 미리 할 일을 정해두는 거지.

- 매일 아침 할 간단한 운동 정해두기
- 매일 어떤 옷을 입을지 미리 코디해두기
- 매일 집에 오면 공부할 과목 정해두기

이런 식으로 간단한 규칙을 만들어 반복하면 매번 어떻게 할까 생각하는 것만으로도 지치는 상황은 줄어들 거야.

이번엔 아리사가 뭔가 할 말이 있는 듯한 표정이구나.

무슨 말인지 이해는 하지만 똑같은 일을 반복하다 보면 지겨
워서 오래 못 갈 것 같다고?

그럴 때는 발상을 전환해보는 거야. 습관이 되기 전까지는
'의무'를 '놀이'로 바꿔보는 거지. 그걸 가르쳐준 게 바로 미사키
가 두 번째 만난 사람이야.

공부도 운동도 일도 의무라고 생각하면 그때부터 스트레스가
시작되지. 스트레스가 커지면 그걸 극복하기 위해 그만큼 의지
를 쓰게 돼. 그러면 의지가 점점 깎여나가서 끝내는 '아아, 못 하
겠어. 역시 그만둘래!' 하고 포기해버리는 거지.

반대로, 해야 할 일을 그냥 놀이라고 생각하면 아이가 게임에
열중하듯 나도 모르게 빠져들어서 하게 돼. 예를 들면 규칙으로
정한 것을 실행하는 데 성공하면 달력에 하나씩 스티커를 붙여
나가는 거야. 그러면 스티커가 하나둘 늘어나는 재미에 한 번도
빼먹지 않고 이어서 붙이고 싶다는 마음이 싹트기 시작하지.

요즘은 세상이 편리해져서 두부 방문판매원이 얘기한 것처럼
자기가 한 일을 기록할 수 있는 해빗불Habit Bull, 골 트래커, Loop
습관제조기 같은 유용한 애플리케이션이 있으니까 다들 한번
시도해봐.

참고로 나도 젊었을 때는 돈 관리를 못 해서 돈이 있으면 있는 대로 다 써버리곤 했어. 그래서 저축 게임 애플리케이션을 이용하기 시작했지. 돈을 쓰고 싶을 때마다 참아야 한다고 생각하면 그것도 스트레스잖아?

그러다 보니 의지력을 발휘해서 몇 번은 참아보다가도 결국 흥청망청 쓰는 생활로 다시 돌아가기 일쑤였지.

그러다가 애플리케이션을 이용하면서부터는 하루에 쓸 돈을 정해서 그 안에서만 쓰고, 매일 절약한 금액을 확인할 수 있게끔 했어. 그러자 게임 포인트가 쌓이듯 돈이 늘어나는 것이 보이는 거야. 그때부터는 매일 '오늘은 어제보다 더 아껴 써서 저축액을 늘려야지!' 하고 생각하게 되더라고. 그러는 동안 언제 힘들었냐는 듯 돈을 아끼는 재미를 알게 됐지.

나처럼 절약한 금액만큼 포인트가 쌓인다고 생각하고 매월 고득점을 노려보는 거야. 두부 방문판매원처럼 도전 횟수에 따라 자기 자신에게 상을 주는 거지.

이런 식으로 스스로 게임 개발자라고 생각하고 승부욕을 부추기는 규칙을 만들어낸다면 힘든 일도 즐거운 마음으로 계속할 수 있게 돼.

게임을 좋아하는 마사토는 벌써 눈을 빛내고 있군. 꼭 한번 해보길 바라네.

STEP 3 ┗ 단순한 습관과 계기 만들기

단, 한 가지 주의할 점이 있어. 의욕이 생기면 우리는 마냥 낙관적이 된다는 거야. 그래서 피트니스 클럽에 1년 치 등록비를 내고는 하루도 안 빠지겠다고 결심하지.

그런 식으로 해서는 안 된다는 걸 가르쳐준 사람이 바로 세 번째 남자야. 남자는 피트니스 클럽에 가서 운동하지 않고 미인을 볼 때마다 그 자리에서 팔굽혀펴기를 했지. 이상한 사람으로 보일지 몰라도 나름대로 확실한 이유가 있었어.

마사토도 몸을 만들어야겠다 싶을 땐 '좋아! 지금 바로 피트니스 클럽에 등록해야겠어!' 하고 생각하지 않나? 하지만 피트니스 클럽에 등록하고 나서는 어때? 꾸준히 나가게 되던가?

아마 아닐 거야. 그런데 그건 마사토만 그런 게 아니야. 처음에는 단단히 마음먹고 피트니스 클럽에 등록하지만, 나중에는 유령회원이 되는 사람이 대부분이라고 해.

그럼 어째서 사람들은 피트니스 클럽을 끊어놓고도 꾸준히 다니지 못하는 걸까? 마사토는 그 이유를 알겠나?

미인만 보면 팔굽혀펴기하는 남자도 말했지만, 피트니스 클럽에 가서 운동을 하는 것은 하나의 행동처럼 보이지만 실제로는 많은 과정을 거쳐야 해.

아침에 일어나서 씻고 옷을 갈아입고 짐을 챙겨서 신발을 신고 집을 나서지. 그렇게 피트니스 클럽에 도착하면 출석 체크를 하고 신발을 개인사물함에 넣고 운동복으로 갈아입고 운동기구가 있는 곳까지 가야 해. 상상만으로도 지치지 않나?

처음에는 의지가 충만하기 때문에 다소 번거로워도 어떻게든 다니게 돼. 하지만 며칠 지나면 심신에 피로가 쌓이고 의지도 바닥나서 빠지는 날이 늘어나기 시작해.

반면, 이야기 속 남자는 복잡한 과정은 전부 빼버리고 팔굽혀펴기를 단순한 행동으로 만들었지.

새로운 일을 시작하고자 마음먹었을 때, 의욕과 체력이 넘쳐흐를 때야말로 특히 주의해야 해.

아프리카에는 "코끼리를 먹으려면 한 입부터"라는 속담이 있는데 아무리 큰 목표도 작게 나누어서 조금씩 실행해야 가장 빨리 이룰 수 있다는 뜻이야.

과연 이런 걸로 될까 싶은 생각이 들 수도 있어. 하지만 그 정도로 작은 행동이면 충분해. 의욕이 넘쳐서 대뜸 큰일부터 하려고 들지 말고 어처구니없을 만큼 작은 일부터 시작하는 거야.

그렇게 부담이 되지 않을 정도로 작은 일을 계속해나가다 보면 그것이 습관이 되고, 습관이 되면 결과가 축적되는 것을 실감할 수 있어.

아무리 생각해도 성에 안 찬다 싶으면 상황을 봐가면서 조금씩, 정말로 조금씩 일을 늘려나가면 돼.

팔굽혀펴기하는 남자는 또 하나 중요한 사실을 가르쳐주었어. 남자는 미인을 보면 팔굽혀펴기를 했지. 이를 '트리거^{Trigger}'라고 부르는데 트리거란 '방아쇠' 혹은 '계기'라는 뜻이야. 매일 같은 행동을 반복해서 습관으로 만들기 위해서는 계기를 만들어두는 게 좋아.

남자는 미인을 보면 팔굽혀펴기를 하겠다고 결심했지. 이런 식으로 각자 자기만의 트리거를 정해보는 거야.

- 아침 6시에 알람이 울리면 복근 운동 시작하기
- 출퇴근길 지하철 안에서 영어 단어 암기하기
- 출근하자마자 30분 동안 집중해서 이메일 업무 처리하기

트리거와 행동을 세트로 묶어 반복하다 보면 트리거에 접촉한순간 조건반사처럼 몸이 알아서 움직이게 돼. 믿기지 않는다고 말하기 전에 일단 다들 꼭 시도해봤으면 좋겠어.

다시 말하지만 처음부터 욕심을 부려서는 안 돼. 처음에는 무조건 작은 일, 쉬운 일부터 시작하는 게 중요해. 힘들다는 생각이 들지 않을 정도가 딱 좋아. 힘들다는 생각이 들면 그걸 또 참기 위해서 의지를 쓰게 되니까 말이야.

STEP 4 ┗ **무의식의 힘 끌어내기**

미쓰루 교수는 테이블 위의 커피를 한 모금 마시고는 이야기를 다시 시작했다.

네 번째 남자, 유난히 이가 새하얀 요트맨은 꿈을 이루는 데 중요한 열쇠가 되는 메시지를 전해주었지.

요트맨의 이가 새하얗다는 묘사가 나오기도 하지만 우리는 매일 양치질을 하지. 그런데 양치할 때마다 의지력을 발휘해서 칫솔을 집어 드는 사람이 있을까? 보통 아침에 일어나 씻을 때면 칫솔에 치약을 짜고 자연스럽게 이를 닦게 되지 않나?

그건 매일 똑같은 동작을 반복하는 동안 어느 사이엔가 아무 생각 없이도 양치질을 하는 것이 가능해졌기 때문이지.

이건 비단 양치질에만 국한된 이야기는 아니야. 우리가 의식해서 하는 일은 모든 행동의 10퍼센트에 지나지 않는다고 해. 반대로 이야기하면 무의식적으로 하는 일이 90퍼센트라는 얘기지. 그러니까 무의식을 제어할 수 있다면 스스로도 깜짝 놀랄 만한 결과를 낼 수 있다는 거야.

유난히 이가 새하얀 요트맨은 이 진리를 요트에 빗대서 가르쳐주었어. 배는 가솔린을 연료로 삼아 엔진을 작동시켜서 앞으로 나아가지. 하지만 배에 실을 수 있는 가솔린에는 한계가 있어.

결국 가솔린은 바닥이 나고 배는 멈춰 서고 말지.

근데 요트는 가솔린을 쓰지 않고도 바람의 힘을 이용해서 어디든 원하는 곳으로 갈 수가 있어.

인간도 마찬가지야.

어떤 일을 시작할 때 의지력을 사용하면 처음 얼마간은 계속할 수 있어. 하지만 의지력에는 한계가 있지. 머지않아 의지력은 바닥을 드러내고 결국은 행동을 계속할 수 없는 때가 오고 말아.

그런데 무의식의 힘을 잘 끌어내면 우리는 얼마든지 행동을 계속해나갈 수 있어.

히카루, 지금 그 눈은 정말 그런 게 가능하냐고 묻고 싶은 거 같은데, 내 짐작이 맞나?

직접 해보지 않으면 좀처럼 믿기 어려울 거야. 그러니 내가 지금부터 말하는 것들을 꼭 시도해봤으면 좋겠어. 그게 가능해지면 인생이 드라마틱하게 변화하거든, 내 장담하지.

무슨 일이든 무의식적으로 할 수 있으려면, 처음에는 연습이 필요해. 연습으로 할 수 있게 된 행동을 반복하다 보면 어느 사이엔가 무의식적으로 '할 수 있는' 상태에 이르게 되고.

자전거를 타는 것처럼 말이야. 처음에는 페달을 밟고 핸들을 조절하는 동작 하나하나를 다 의식하며 하지만 나중엔 그냥 자연스럽게 탈 수 있지.

뇌가 한 번 기억하면 의식하지 않아도 몸이 저절로 움직이게 되는 과정은 사실 모두 이미 경험한 적이 있어.

우리는 우리의 행동을 늘 사용자 모드로 조종하고 있는 게 아니야. 머리와 몸에 새겨진 행동은 자동 모드로 실행되고 있는 상태지. 이 또한 이미 미국에서 과학적으로 증명된 사실이야.

사용자 모드에서 자동 모드로 전환할 수만 있으면 돼. 문제는 전환이 일어나기 전에 의지력을 다 써버려서 습관이 되지 못하고 끝나버린다는 거야.

STEP 5 ┗ 습관이 될 때까지 나에게 보상하기

자동 모드로 전환할 수 있으려면 어떻게 해야 할까?

그걸 가르쳐준 사람이 바로 영어를 배울 수 있는 케이크 가게의 스미코야.

보상을 받을 수 있다고 뇌가 인식하면 다소 힘들어도 또 하겠다는 생각을 품게 돼. 그걸 반복하다 보면 의지력을 발휘하지 않아도 저절로 행동할 수 있게 되는 거지.

스미코는 그걸 컬링에 빗대서 미사키에게 설명해주었어. 컬링의 스톤은 힘을 가하지 않은 상태에서는 움직이지 않아. 하지만 처음에 한 번만 밀어주면 그 뒤로는 빙판 위를 계속해서 미끄러져 가지.

인간도 처음에만 약간의 의지를 사용해서 할 수 없었던 일을 할 수 있게 되면, 그리고 그 과정을 반복하면 그다음부터는 몸이 알아서 움직인다는 거야.

그러고 보니 동계올림픽에서 화제를 모았던 컬링 선수들도 에너지가 떨어졌을 때는 자신에 대한 보상 차원에서 과자를 먹는다고 했었지. 그러니 자네들도 습관으로 만들고 싶은 일을 무의식적으로 반복할 수 있게 하려면 뭔가 자기 자신에게 상을 주는 방법을 생각해봐.

STEP 6 ┗ 하려고 마음먹은 일은 선언하고 예약하기

어때? 이제 좀 해볼 마음이 드는지 모르겠구나.

응? 뭐라고? 아리사는 그래도 역시 의지가 약해서 꾸준히 할 자신이 없다고?

그렇게까지 말한다면, 좋아. 의지가 약하다는 아리사도 꾸준히 할 수 있는 비법을 한 가지 더 가르쳐주지.

선언하는 남자와 예약하는 여자의 이야기를 떠올려볼까?

다들 '코미트먼트Commitment'라는 단어를 들어본 적 있을 거야. 일본에서는 2000년 무렵부터 흔히 쓰이게 된 단어로 '공약' 혹은 '서약'이라는 뜻이지.

심리학 분야에서는 코미트먼트, 즉 주변 사람들에게 자신의 목표를 선언하면 달성할 확률이 높아진다는 사실이 증명되었는데 이를 '코미트먼트 효과'라고 해.

선언하는 남자는 자신이 이루고 싶은 일을 주변 사람들에게 선언하지. 예전 같으면 사람들에게 일일이 선언해야 하니 힘들었을지 몰라도 지금은 SNS가 발달해서 어려운 일도 아니야. 그러니 트위터나 페이스북에 선언해보는 것도 좋아.

- 나는 오늘부터 매일 영어 단어를 열 개씩 외우겠다!
- 나는 오늘부터 매일 아침 복근 운동을 오십 번씩 하겠다!
- 나는 오늘부터 매일 책을 읽겠다!

이 이야기는 이걸로 끝이 아니야.

사람은 약속을 하면 지키려고 하는 마음이 있어. 그러니 하려고 마음 먹은 일은 그냥 예약해버리는 게 좋아. 그걸 실천한 사람이 바로 예약하는 여자야.

어떤 일을 하려고 마음먹었다면 우선 다이어리에 일정을 적어둬. 자신의 행동을 예약해두면 다른 일정을 핑계로 삼기 힘들어지기 때문에 시작한 일은 꾸준히 해나갈 확률이 높아져.

미사키가 만난 일곱 번째 사람은 갑자기 잠자는 남자였지. 미인을 보면 팔굽혀펴기하는 남자와 어딘가 비슷하다고 생각했더니 아니나 다를까 둘은 사촌 관계였어.

미인을 보면 팔굽혀펴기하는 남자와 갑자기 잠자는 남자의 공통점이 뭐라고 생각하나?

맞아. 팔굽혀펴기하는 남자는 '미인을 보면', 잠자는 남자는 '매일 밤 9시', 이렇게 자기만의 트리거를 정해놓았다는 점이지.

그럼 반대로 두 사람의 차이는 뭘까?

그건 팔굽혀펴기하는 남자가 '미인을 보면'이라는 불규칙적인 트리거를 설정한 것과 달리 잠자는 남자는 '매일 밤 9시'라는 규칙적인 트리거를 설정해놓았다는 점이야.

트리거를 규칙적인 것으로 삼으면 어떤 일이 일어날까?

루틴을 만들기 쉬워져. 루틴이란 '정해진 행동'이라는 뜻이지. 똑같은 시간에 똑같은 일을 하기로 정해놓고 반복하다 보면 몸이 그것을 생활 리듬으로 받아들여서 루틴이 정착되기 쉬워진다는 거야.

임마누엘 칸트Immanuel Kant라는 철학자에 대해선 다들 들어본 적 있을 거야. 그는 갑자기 잠자는 남자와 똑같은 습관이 있었어. 매일 오후 3시 반이 되면 칼같이 산책하러 나갔지. 산책 시간이

매우 정확하다 보니 당시 사람들은 칸트가 나타나는 것을 보고 시간을 알아맞혔다는 에피소드가 있을 정도야.

아까 했던 무의식 이야기 기억나나? 처음에는 의식해서 '할 수 있는' 상태를 만들고 그것을 반복하다 보면 무의식적으로 '하는' 상태가 된다고 했잖아?

그때 일정한 리듬으로 똑같은 행동을 반복하면 뇌 속에 리피트 프로그램이 새겨져서 억지로 노력하지 않아도 저절로 계속할 수 있게 돼.

생각해보면 인간의 몸은 리듬으로 이루어져 있어.

후- 하- 후- 하- 호흡을 하고 두근, 두근, 두근, 두근 심장이 뛰고 터벅, 터벅, 터벅, 터벅 걷지.

똑같은 타이밍에 똑같은 일을 반복하는 동안 처음에는 의식해서 하던 일도 어느새 마치 숨 쉬듯 무의식적으로 하는 상태가 되는 거야. 꾸준히 하고 싶다고 생각하는 일을 숨 쉬듯 할 수 있게 된다면 그보다 더 좋은 일은 없겠지.

그리고 또 하나.

갑자기 잠자는 남자도 말했지만 아침은 중요한 시간이야. 낮에는 학교에서 친구가 고민 상담을 해오거나 회사에서 급한 일이 생기는 등 예측할 수 없는 일이 많이 일어나지.

그래서 아침을 남들보다 일찍 일어날 수만 있다면 마음먹은 일을 할 수 있어. 즉 자신만의 생활 리듬을 만들 수 있다는 거지.

물론 밤에도 혼자만의 시간을 마련할 수 있지만 하루를 보내는 동안 여러 가지 일들로 의지력을 많이 써버린 상태이기 때문에 하려고 마음먹은 일을 결국 못 하고 잠들어버리는 경우가 종종 생기거든. 그런 날들이 이어지면 '역시 난 안 되는구나' 하고 자기혐오에 빠지게 돼.

다시 이야기로 돌아가자면, 하루의 리듬을 만들고 싶다고 해서 하루 안에 모든 걸 다 하려고 들면 얼마 못 가 탈이 날 수 있으니 주의해야 해.

그럴 때는 화요일의 숙녀에게 배운 걸 써보는 거야.

하루는 24시간, 일주일은 7일, 이렇듯 인생은 일정한 리듬으로 굴러가지.

하루에 다 할 수 없는 일은 시간의 단위를 조금 확장해서 일주일로 잡으면 돼. 화요일의 숙녀는 말 그대로 화요일마다 청소를 했지. 마찬가지로 공부하기로 결심했다면 매일 공부하는 과목과 요일별로 공부하는 과목으로 나누어서 하는 거야.

운동을 마음먹었다면 근력 운동을 하는 날과 조깅하는 날을 따로 정하는 거지.

비결은 몸이 빨리 리듬을 익혀서 뇌에 리피트 프로그램이 새겨지도록 일정한 주기로 루틴을 반복하는 거야.

STEP 8 ┗ 실행한 일은 기록으로 남기기

마지막으로 논픽션 사랑남이 우리에게 가르쳐준 것에 대해 생각해볼까?

이름이나 성격 때문에 이상한 사람이라고 생각했을지 몰라도 사랑남 역시 아주 중요한 것을 가르쳐주었어.

그건 바로 행동의 누적을 기록하는 거야.

어째서 많은 이들이 다이어트에 실패하는 걸까?

맞아, 마사토 말대로 자신의 의지만 믿고 노력하기 때문이야.

의지력을 사용하면 할수록 얼마 안 가 가솔린처럼 바닥나서 결국은 계속할 수 없게 된다고 했었지.

여기까지 다 기억하고 있다니 대견하구나.

그런데 여기에 또 한 가지 중요한 포인트가 있어. 한 번 한 행동이 일으키는 효과를 실감하지 못하기 때문에 꾸준히 하기 힘들다는 거야.

이를테면 체중을 줄이는 데 익숙한 격투기 선수나 복싱 선수가 아닌 이상 하루 운동한 것으로는 체중이 줄어드는 걸 체감하기 어렵잖아? 공부도 마찬가지야. 하루 죽어라 공부한 것으로는 다음 날 시험에서 점수가 크게 오르는 일은 없지. 그러니 '이게 정말 효과가 있는 걸까?' 하는 의구심을 품게 되는 거야.

그래서 조금이라도 빨리 무의식적으로 행동할 수 있으려면 의지가 필요 없을 만큼 정말 작은 일부터 시작해야 한다고 했지.

그런데 잠깐 생각해봐, 뭔가 모순이란 생각이 들지 않나?

큰일을 하면 체감 효과가 크지만 작은 일만 하면 그만큼 체감 효과는 적을 수밖에 없어. 하지만 의지력을 많이 발휘해야 하는 큰일은 꾸준히 하기 힘들지.

그럼 대체 어떻게 하면 좋을까?

사랑남이 했던 것처럼 자기가 언제 어떤 일을 했는지 전부 기록해두는 거야. 아주 간단한 메모라도 상관없어.

게임만 하는 남자가 했던 것처럼 휴대전화 애플리케이션으로 기록하는 방법도 있고 다이어리에 일기를 쓰는 방법도 있지. 어떤 방법이든 중요한 점은, 자신이 해온 일의 누적을 눈에 보이게 남겨놓아야 한다는 거야.

꿈이라는 산을 쌓으려고 한다고 가정해보자. 모래밭의 모래를 양동이에 담아서 산을 쌓고 싶은 장소까지 들고 가 모래를 쏟아부어. 그렇게 모래밭과 목적지를 왕복해서 모래를 퍼 나르는 동안 조금씩 산이 높아지기 시작해.

정신없이 양동이에 모래를 퍼 나르는 동안에는 그때까지 얼마만큼 모래를 옮겼는지 모르다가, 어느 순간 자기가 쌓은 산을 보고 그 높이에 놀라게 되지. 그러면 자연히 지금까지 열심히 쌓은 성과를 한 번의 실수 때문에 헛수고로 만들고 싶지 않다고 생각하게 돼.

연달아 기록을 경신해온 운동선수가 앞으로도 기록이 끊기지 않도록 열심히 해야겠다는 마음을 품는 것처럼, 자신이 해온 행동의 누적이 눈에 보이는 형태로 남아 있으면 지금까지 해온 일들을 헛수고로 만들고 싶지 않다고 생각하게 되는 법이지.

여기까지가 미사키가 만난 아홉 명이 전해준 메시지에 관한 설명이야. 모처럼 자연에 둘러싸인 레스토랑에 왔으니 테라스에 잠깐 나가볼까.

STEP 9 ⌐ 꿈을 이루기 위해 노력하지 않을 것

신록이 우거진 레스토랑의 테라스에 나가 신선한 공기를 들이마시고 있으려니 지금까지와는 차원이 다른 세상의 공기를 몸속으로 차곡차곡 쟁여놓는 것 같은 기분이 들었다.

다들 테라스에서 느긋하게 바람을 쐰 후 실내로 돌아와 자리에 앉자 미쓰루 교수는 지금까지 한 이야기를 정리했다.

자네들도 처음 이야기를 들을 때는 노력하지 않는 왕국 사람들이 이상하다고 생각했을 거야. 하지만 우리가 상식이라고 생각하는 일이 다른 세상 사람들에게는 상식이 아닐 수도 있다는 점을 잊어선 안 돼.

우리는 성과를 내기 위해서는 강한 의지로 열심히 노력해야 한다고 굳게 믿고 있지. 그러나 현실은 어때?

극소수의 대단한 사람들만 꿈을 이룬다고 생각하고 '난 의지가 약하니까 어차피 불가능해' 하고 체념해버리는 사람이 대부분이야.

그런데 노력하지 않는 왕국 사람들을 봐. 다들 저마다의 방법으로 성과를 내며 즐겁게 살아가고 있잖아?

아주 어릴 때부터 노력하면 된다는 말을 들으며 자라온 우리는 노오력하는 나라에 사는 사람들이나 마찬가지야. 계속 같은 세상에서 살다 보면 어느 사이엔가 우리가 사는 세상의 규칙만 옳다고 믿게 돼.

그러니까 우리는 좀 더 머리를 말랑말랑하게 할 필요가 있어.

노력해도 잘 안 되니 어떻게든 방법을 찾고 싶다는 생각으로 이 이야기를 들었다면, 노력하지 않는 왕국 사람들이 했던 방법을 한 번이라도 꼭 따라 해봤으면 좋겠구나.

STEP 10 ⌐ **잘하는 일을 찾아내 의지력 소모 억제하기**

마지막으로 노력하지 않는 왕국의 라스보스 왕은 중요한 사실을 말해주었지.

왕은 국민이 저마다 못 하는 일을 열심히 하느라 의지를 다 써 버리는 탓에 성과가 나오지 않는다는 걸 깨닫고 국민 개개인이 잘하는 일을 하도록 장려했어.

못 하는 일을 하면 그만큼 의지력을 많이 쓸 수밖에 없어. 결국 의지력이 바닥나서 포기하게 되지. 그걸 반복하는 동안 자신 감을 잃어버리고.

그러니 잘하는 일을 찾아보자는 거야. 스트레스가 적으면 의지력 소모도 적어지니까 오랫동안 꾸준히 할 수가 있어. 꾸준히 하면 조금씩 성과가 나오기 시작하고 이윽고 커다란 자신감으로 이어질 테니까.

이건 행복과도 직결되는 일이야.

못 하는 일을 열심히 하잖아? 그러면 하기 싫은 것을 참아야 하니까 의지력을 소모할 수밖에 없어. 의지력이 바닥나면 꾸준히 못 하니까 성과가 나오지 않지. 성취감도 얻을 수 없어. 공부를 하든 일을 하든 행복한 상태라고는 할 수 없지.

반대로 잘하는 일을 열심히 하잖아? 그러면 참을 일이 없으니까 의지력이 소모되지 않아. 그러다 보니 꾸준히 하게 되고 성과를 내게 되는 거지. 성취감도 얻을 수 있어. 즉 행복하다고 생각하게 돼.

인생은 한 번뿐이야!

누구나 행복해지고 싶은 마음은 같아. 그렇다면 '의지가 약하니까 난 안 되겠지' 하고 자신을 의심하지 말고, 노력하지 않아도 꿈을 이룰 수 있는 세상으로 가보는 거야.

나 자신을 믿고 국경을 넘어보는 거야!

국경을 사이에 두고 이쪽은 노오력하는 나라, 저쪽은 노력하지 않는 왕국.

저쪽에는 꿈을 이루는 방정식을 알고, 노력하지 않고도 좋아하는 일을 하며 차근차근 목표를 달성해가는 사람들이 있어. 거기서는 성과를 내는 기쁨을 알고 모두 행복한 얼굴로 살아가지.

한편 이쪽에는 어차피 의지가 약해서 노력해도 안 된다고 체념한 채 변화를 시도해보려는 생각조차 하지 않는 사람들이 있어. 여기서는 성과를 내는 기쁨을 모르니까 모두 근심 어린 표정으로 살아가지.

지금이야말로 노력하지 않으면 꿈을 이룰 수 없다는 믿음을 내버리고 국경을 넘을 때야.

다들 미쓰루 교수에게 감사의 인사를 전했다. 그러고는 각자 목표를 선언하고 3개월 뒤에 경과를 확인하기로 의견을 모았다.

"그럼 우리 3개월 뒤에 다시 보자. 이야기만 잘 기억한다면 이번엔 틀림없이 잘 될 거야."

모두 한마음이 되어 그렇게 말하고 레스토랑을 나왔다.

3개월 후에 나타난
즐거운 변화

드디어 3개월 후. 레스토랑에는 미쓰루 교수, 아리사, 히카루가 먼저 와 있었다. 마사토는 마지막에 도착했는데 자리로 다가오는 마사토의 실루엣이 몰라보게 달라져 있었다.

흰 티셔츠 위로 단단한 가슴 근육이 드러났고 턱살이 빠지면서 얼굴선이 살아난 덕분에 3개월 전과는 달리 확실히 산뜻하고 샤프한 이미지를 풍겼다.

"이야! 마사토, 살 빠졌구나. 분위기가 확 달라져서 몰라볼 뻔했어."

아리사가 말했다.

"교수님이 해주신 이야기가 흥미롭긴 했지만 사실 마음 한 구석에서는 말도 안 된다고 생각했어. 그래도 교수님이 말씀하신 대로 정말 시시할 정도로 작은 것부터 해봤지.

일단 복근 운동 열 번 정도? 왕년에 운동 좀 해봤다는 사람 치고는 어처구니없을 만큼 적은 횟수부터 시작했지. 아무튼 힘들어서 못 하겠다는 생각이 들지 않을 정도로만 하려고 주의했어. 의지력에 기대기 시작하면 결국 도중에 포기할 게 불 보듯 뻔하니까. 그걸 규칙으로 삼고 간단한 운동부터 반복했어."

"그래서, 언제부터 변화가 나타나기 시작한 거야?"

히카루가 물었다.

"한 3주일쯤 지났을 때였나? 피트니스 클럽에 가는 건 귀찮으니까 매일 아침 6시에 일어나면 복근 운동을 하기로 했지. 그렇게 매일 하다 보니 언제부턴가 진짜 자동 모드처럼 무의식적으로 몸이 움직이더라. 그때부터는 안 하는 게 더 찜찜하더라고.

그러는 사이 이제는 하루에 열 번 가지고는 부족하다는 생각이 들기 시작했지. 그래서 힘들지 않을 정도로만 조금씩 횟수를 늘렸더니 지금은 이백 번 이상이나 하게 됐어.

운동을 해보니 요령이 생겨서 이번에는 식이조절에도 도전해봤어. 마찬가지로 힘들다는 생각이 들지 않을 정도로만 칼로리를 조금씩 줄여나갔지.

그랬더니 한 달 만에 5킬로그램이 빠지더니 석 달이 지났을 때는 15킬로그램이나 빠져 있더라고. 정말 다이어트를 건강하고 쉽게 성공했어. 그리고 살이 빠지니까 몸이 가벼워져서 다시는 예전으로 돌아가고 싶지 않다는 생각이 들더라고. 히카루, 넌 어땠어?"

히카루는 생긋 웃으며 입을 열었다.

"난 영어 공부를 다시 시작했지. 아무리 바빠도 그냥 넘어가는 날이 없도록 아침에 일어나면 무조건 영어 단어 열 개를 외우자고 결심했어. 그렇게 일주일 내내 영어 단어 암기에 성공하면 나한테 맛있는 케이크를 상으로 주기로 했지. 성공 여부는 달력에 매일 기록했고.

그랬더니 어떻게 된 줄 알아? 나 지금까지 석 달 내내 영어 단어 암기를 하루도 빠지지 않고 성공했어! 이젠 오기가 생겨서 진짜 그만 못 두겠는 거 있지? 아리사는 어때?"

그러자 아리사는 '설마 난 실패했을까 봐?' 하는 표정으로 살짝 입을 삐죽이며 대답했다.

"나도 잘하고 있거든! 그날 모임 끝나자마자 바로 가계부 앱을 깔고 교수님한테 들은 대로 게임하듯이 조금씩 돈을 절약하기 시작했어. 그랬는데 지금은 이 게임에 완전히 빠져버렸지 뭐야.

쇼핑이라면 자다가도 벌떡 일어났던 내가 돈 모으는 데 재미를 붙이게 될 줄은 정말 몰랐어. 진짜 내가 생각해도 믿기지 않는다니까."

3개월 동안 생긴 변화에 대해 이야기하는 제자들을 지켜보던 미쓰루 교수가 입을 열었다.

"다들 성과를 냈다니 아주 뿌듯하구나.

당연하다고 여겼던 믿음을 버리고 작은 변화를 시도하는 것만으로도 인생은 크게 바뀌지.

　다들 이제는 노력하지 않는 왕국의 국민이 된 듯 보이는구나. 노력하지 않고도 성과를 낼 수 있게 되었으니 노력해도 성과를 내지 못하는 주변 사람들에게도 그 비결을 가르쳐주렴."

　하라주쿠의 숲속에 노력하지 않고도 성과를 내는 방법을 깨친 사람들의 행복한 웃음소리가 메아리쳤다.

노력하지 않고도
목표를 이루는 열 가지 방법

---

1. 의지력에는 한계가 있다.

   : 의지력을 낭비하지 않도록 행동을 규칙화하자.

2. 지겨우면 지겨움을 참으려고 의지력을 쓰게 된다.

   : 재미없는 일은 게임화하자.

3. 많은 일을 하려고 하면 의지력이 마모된다.

   : 꼭 해야 할 일만 단순화하자.

4. 처음에는 의식해서 하던 일도
   반복하다 보면 무의식적으로 하게 된다.

   : 반복 행동으로 자동화하자.

5. 효과를 실감할 수 없는 일은 계속하기 힘들다.

   : 스스로에게 보상하자.

6. 타인에게 선언하면 끝까지 해내야겠다는 에너지가 솟는다.
   : 하겠다고 결심한 일은 약속화하자.

7. 인간의 몸은 무의식적으로 리듬에 따라 움직인다.
   : 똑같은 행동을 똑같은 타이밍에 반복해서 리듬화하자.

8. 행동의 계기를 정해두면 시작이 쉬워진다.
   : 조건반사처럼 행동할 수 있도록 트리거화하자.

9. 인간은 자신이 쌓아온 것을 무너뜨리고 싶어 하지 않는다.
   : 날마다 내가 한 일을 기록하자.

10. 못 하는 일을 하다 보면 스트레스가 쌓여서
    의지력이 깎여나간다.
    : 잘하는 일을 찾아내 즐기면서 하자.

끝까지 읽어주셔서 감사합니다.

이 책을 읽는 동안 여러분은 미사키가 몇 살인지, 어떤 성격인지 혹시 짐작하셨나요?

미사키는 남자일까요? 아니면 여자일까요?

모든 사람이 이야기에 자신을 대입해서 읽을 수 있으면 좋겠다는 소망을 담아 주인공의 성별과 나이를 밝히지 않았답니다.

이 책을 쓰기로 마음먹었을 때 제 머릿속에 떠오른 최초의 독자는 배구만 바라보고 사는 스물한 살, 그리고 야구 외길만 걸어온 열여덟 살의 조카들이었습니다. 두 아이 모두 사랑스럽고 착하지만 지금까지 한 번도(정말 단 한 번도!) 책을 읽는 모습을 본 적이 없습니다.

물론 직접 몸으로 부딪치며 얻는 지식이나 주변 사람들로부터 배운 지혜를 가슴에 새기며 살아가는 것도 멋진 일이지요. 그러나 지금은 전 세계 모든 분야가 과도기에 접어들었습니다. 앞으로는 이제까지 해왔던 방법으로는 통하지 않는 일들이 늘어날 것입니다. 그때 누군가가 먼저 발견해놓은 지혜를 발 빠르게 습득할 수 있는 도구가 바로 책입니다. 그래서 평소 책을 자주 읽는 지적 호기심이 높은 분들은 물론, 독서가 익숙하지 않은 분들에게도 흥미로운 읽을거리로 선보일 수 있으면 참 좋겠다는 생각이 들었습니다.

여러분 주위에도 책과는 인연이 없는 친척이나 후배가 있을지 모릅니다. 혹시 이 책이 마음에 드셨다면 지인들에게도 추천해주시면 좋겠습니다. 절대 후회는 없으리라 감히 자신합니다.

실제로 공저자 가와시타 가즈히코 씨는 노력하지 않는 것으로 큰 성과를 낸 사람 중의 한 명입니다. 노력하지 않는 왕국의 산증인인 셈이지요.

저는 가와시타 씨를 지금으로부터 6년 전 여성 지인들이 참석한 어떤 모임에서 처음 만났습니다. 가와시타 씨를 제외하고 남자라고는 한 명도 없는 모임인데도 위화감 없이 잘 어울려 맥주를 마시던, 통통한 살집에 어딘가 좀 촌티 나는 동네 아저씨(너무 무례한 표현이려나요?) 같았지요.

그랬던 사람이 몇 년 후에는 몰라볼 정도로 살이 빠져서 날렵해진 몸매는 기본이고 옷차림과 헤어스타일까지 세련되게 바뀐 것을 보고 얼마나 놀랐는지 모릅니다. 게다가 신규 사업에도 도

전해 각종 업계를 넘나들며 활발하게 활약하는 모습을 보고 그야말로 벌어진 입이 다물어지지 않더군요. 그 비결을 물어보니 "노력하는 것을 그만두었을 뿐"이라는 대답이 돌아와 또 한번 놀라고 말았습니다.

지난날을 한번 돌아보세요. 지금까지 노력을 지나치게 많이 해서 잘 된 적이 한 번이라도 있었나요?

가와시타 씨에게 들은 이야기인데 '새해 다짐'의 92퍼센트는 달성되지 못한다는 연구 결과가 있다고 합니다. 노력하는 것만으로는 잘 안 된다는 것이 입증된 셈이지요. 그러나 지금껏 노력하는 것만을 배워온 우리는 노력하지 않는 방법에 대해서는 알지 못합니다.

이 책을 읽는 분마다 하나라도 좋으니 노력하지 않아도 잘 되는 일이 생긴다면 그보다 더한 기쁨은 없을 것 같습니다.

노력했으나 노력한 만큼 보상받지 못한 모든 이에게 이 책을 바칩니다.

다무라 요코

노오력하지 않아도 잘되는 사람에게는 작은 습관이 있다

초판 1쇄 인쇄 2020년 1월 28일
초판 1쇄 발행 2020년 2월 10일

지은이 가와시타 가즈히코, 다무라 요코 **옮긴이** 이은미
펴낸이 김종길 **펴낸 곳** 글담출판사

기획편집 이은지·이경숙·김진희·김보라·김윤아
마케팅 박용철·김상윤 **디자인** 엄재선·손지원 **홍보** 감민지 **관리** 박인영

출판등록 1998년 12월 30일 제2013-000314호
주소 (04029) 서울시 마포구 월드컵로 8길 41 (서교동 483-9)
전화 (02) 998-7030 **팩스** (02) 998-7924
페이스북 www.facebook.com/geuldam4u **인스타그램** geuldam
블로그 http://blog.naver.com/geuldam4u

ISBN 979-11-86650-85-1 (03190)

이 도서의 국립중앙도서관 출판시도서목록(CIP)은 e-CIP 홈페이지(http://www.nl.go.kr/ecip)와 국가자료공동목록시스템(http://www.nl.go.kr/kolisnet)에서 이용하실 수 있습니다. (CIP 제어번호 : 2020001812)

만든 사람들 ————
책임편집 김진희 **디자인** 손지원 **교정교열** 김문숙

글담출판에서는 참신한 발상, 따뜻한 시선을 가진 원고를 기다리고 있습니다.
원고는 글담출판 블로그와 이메일을 이용해 보내주세요. 여러분의 소중한 경험과 지식을 나누세요.
블로그 http://blog.naver.com/geuldam4u 이메일 geuldam4u@naver.com